TESCHI
LIBRO DA COLORARE

40 TESCHI DA COLORARE
MESSICANI, SUGAR SKULL, MACABRI, FLOREALI, FOLKLORISTICI, TEMI STORICI, PATTERN, MANDALA E TANTO ALTRO!

QUESTO LIBRO APPARTIENE A

SPOOKY EDIZIONI

I 40 TESCHI

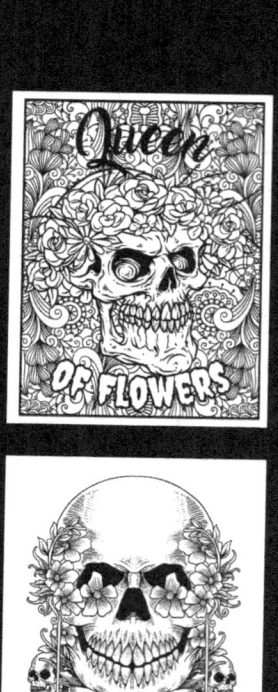
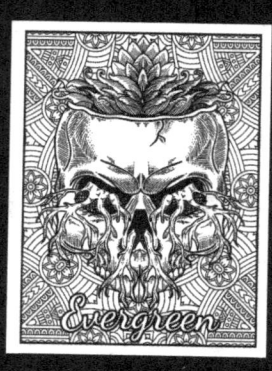
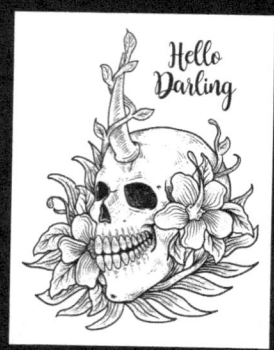
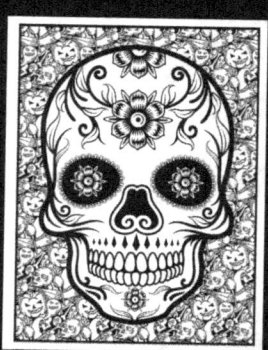
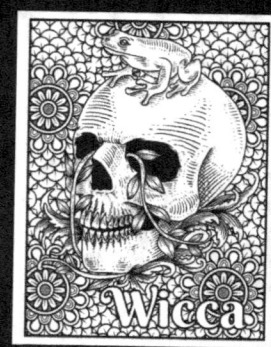
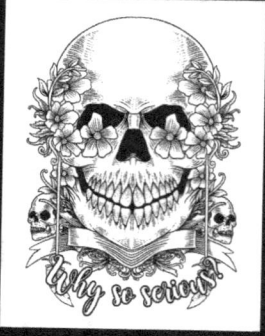
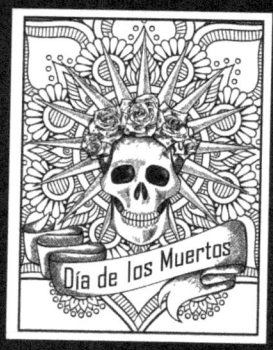
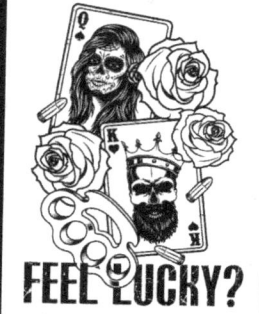
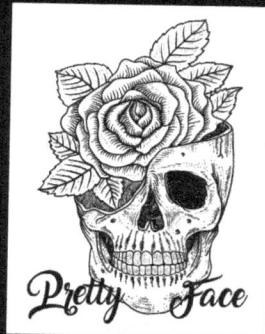
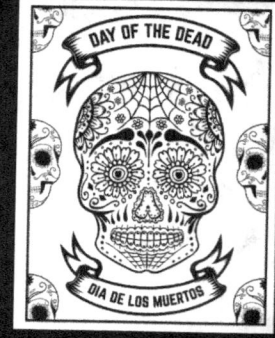
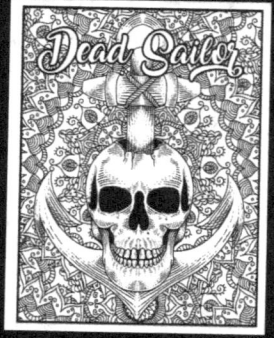
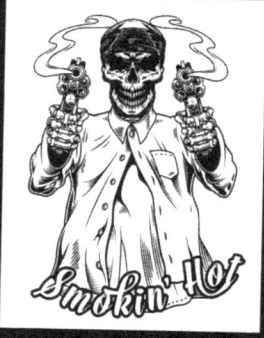
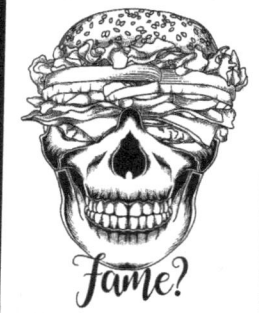
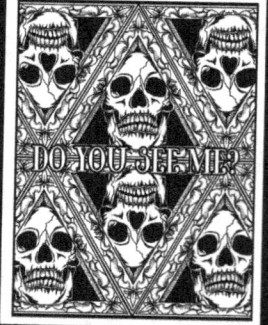
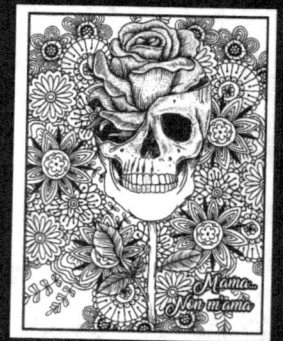
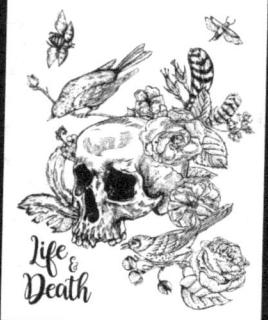
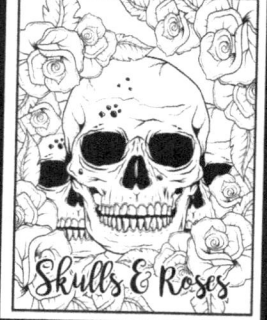
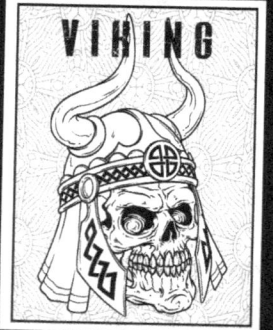
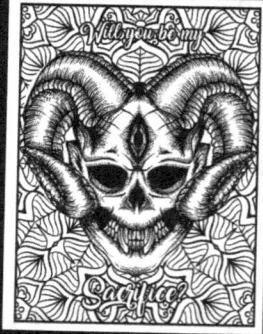
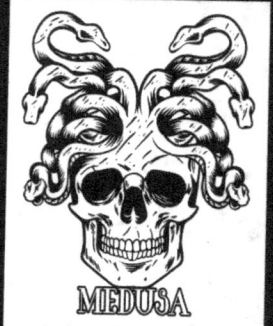

DA COLORARE...

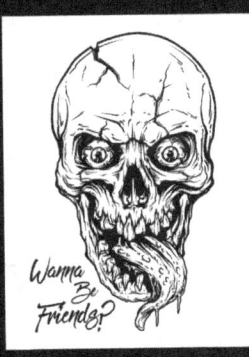 Wanna Be Friends?
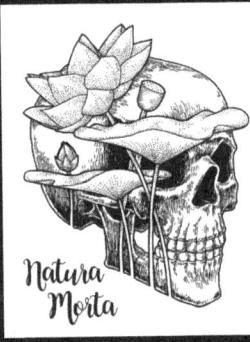 Natura Morta
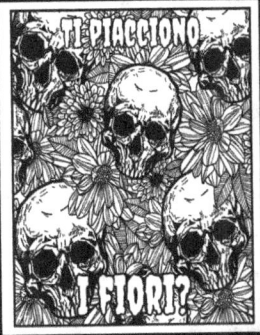 TI PIACCIONO I FIORI?
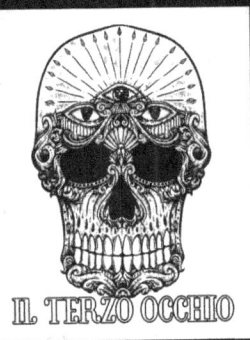 IL TERZO OCCHIO
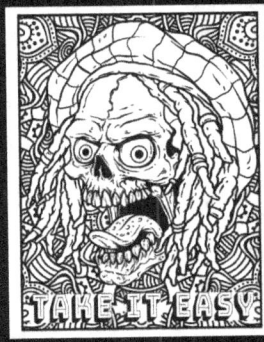 TAKE IT EASY
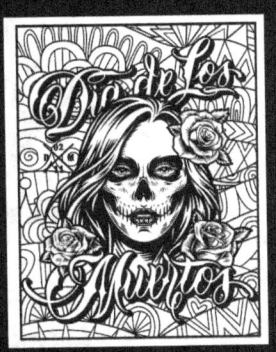 Dia de Los Muertos
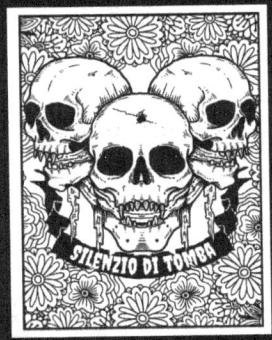 SILENZIO DI TOMBA
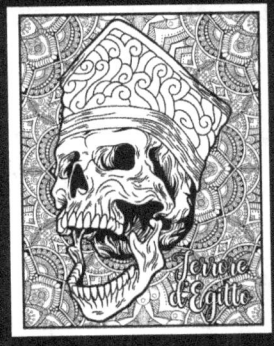 Terrore d'Egitto
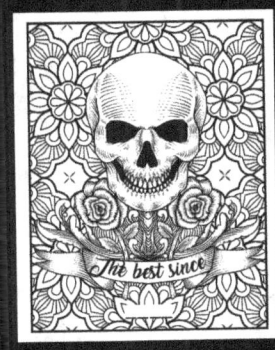 The best since
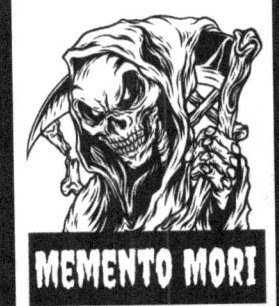 MEMENTO MORI
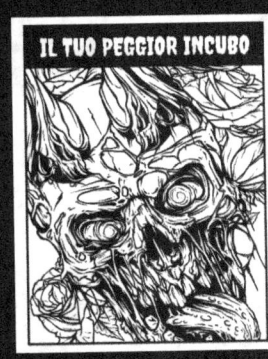 IL TUO PEGGIOR INCUBO
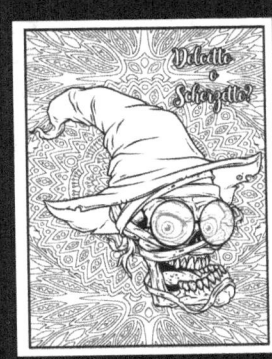 Dolcetto o Scherzetto?
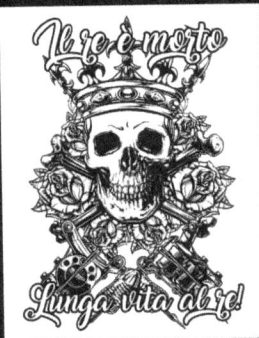 Il re è morto - Lunga vita al re!
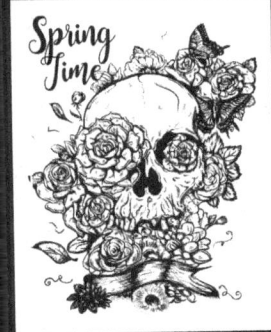 Spring Time
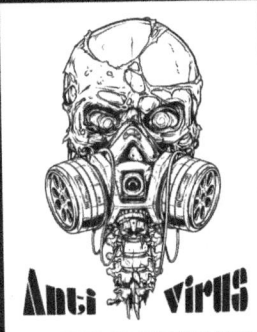 Anti virus
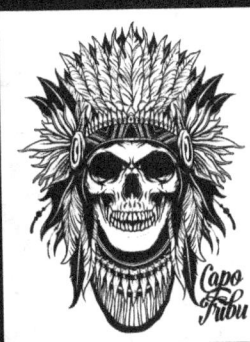 Capo Tribù
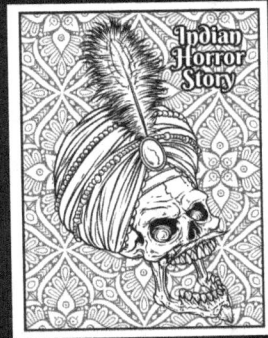 Indian Horror Story
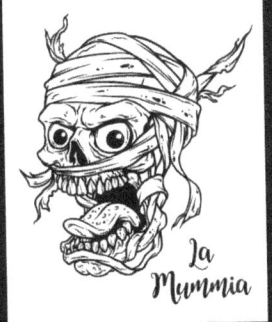 La Mummia
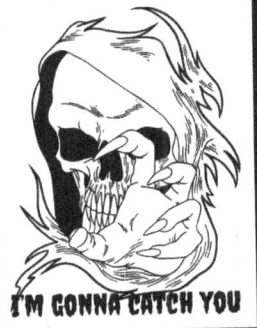 I'M GONNA CATCH YOU
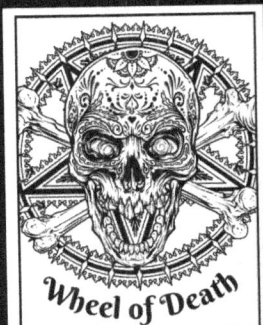 Wheel of Death

*Vidi questo macabro teschio
che mi fissava ed era così ridicolo
e così simpatico che cominciai a ridere
e dentro lo specchio l'immagine rise con me.
E diventò buffo e sempre più buffo
mentre alzavo più in alto le braccia al soffitto.*

- Charles Bukowski

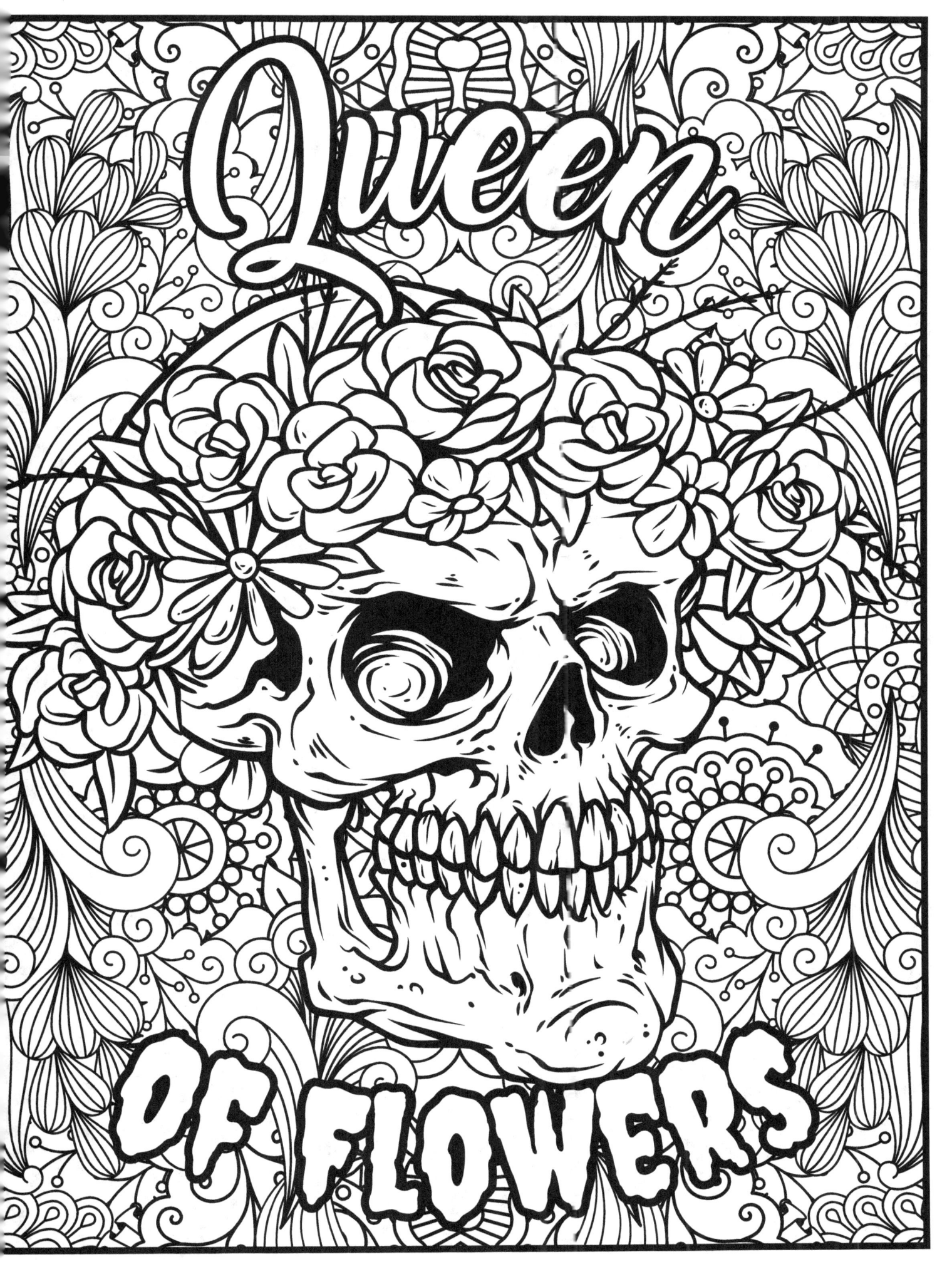

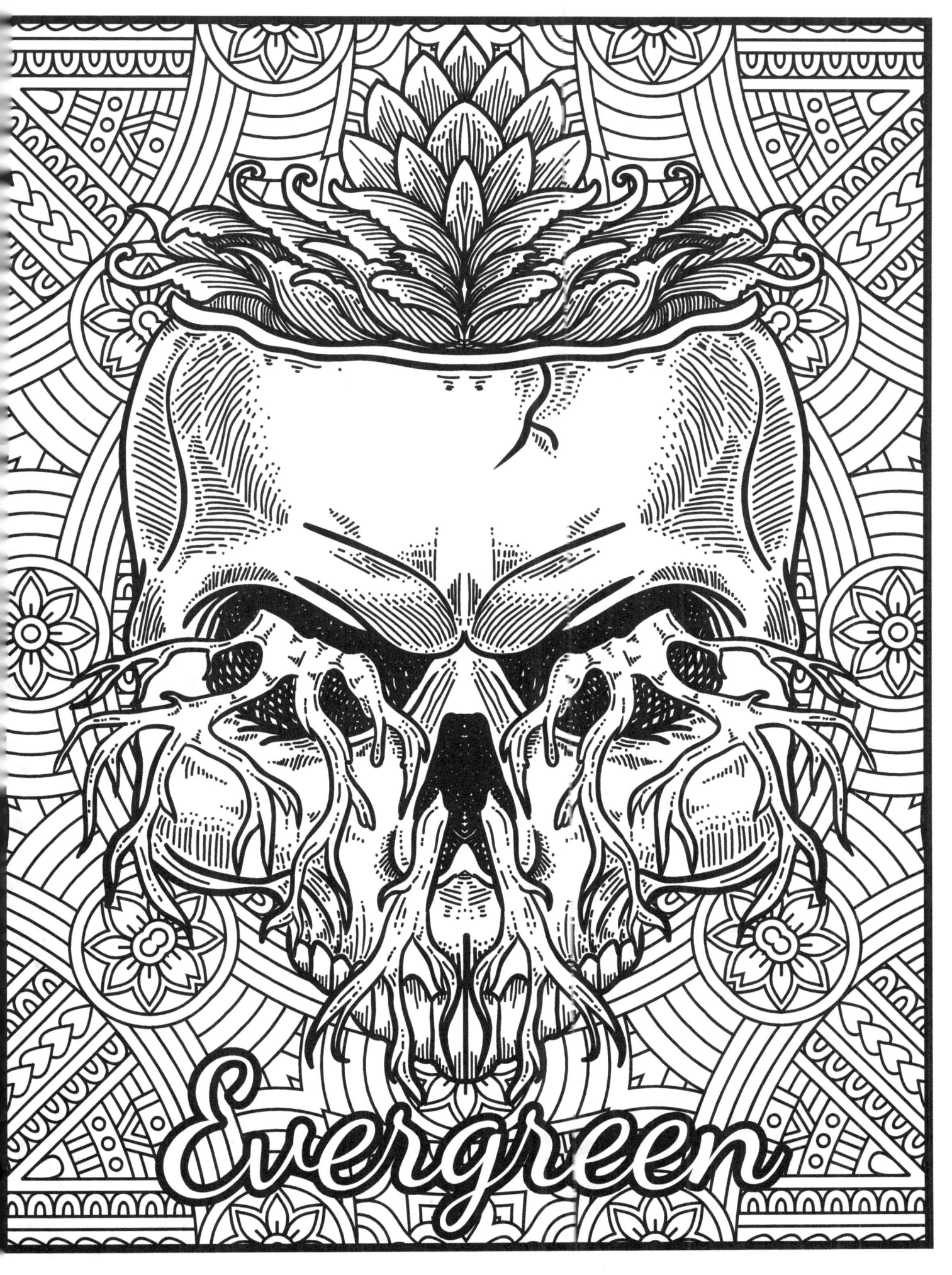

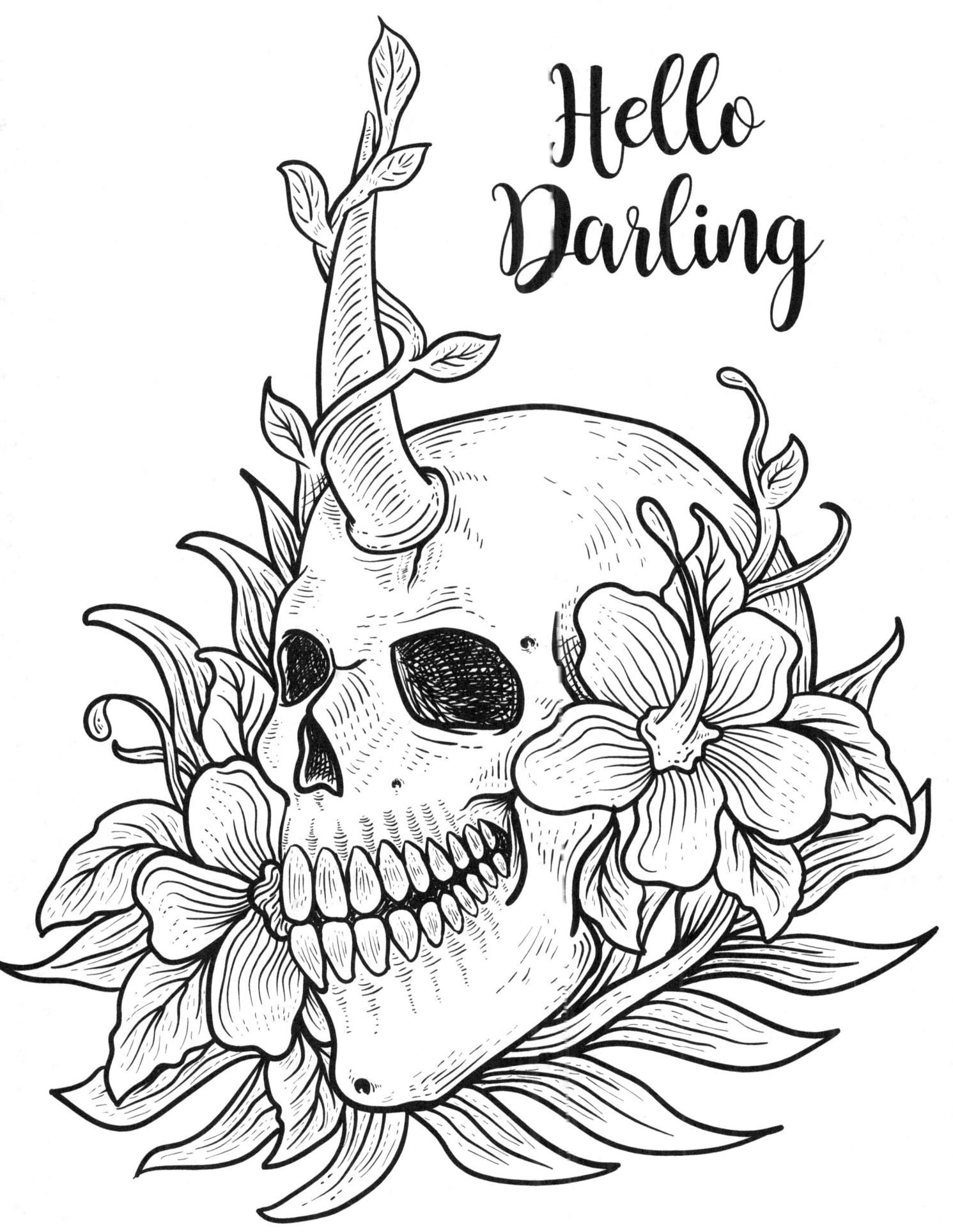

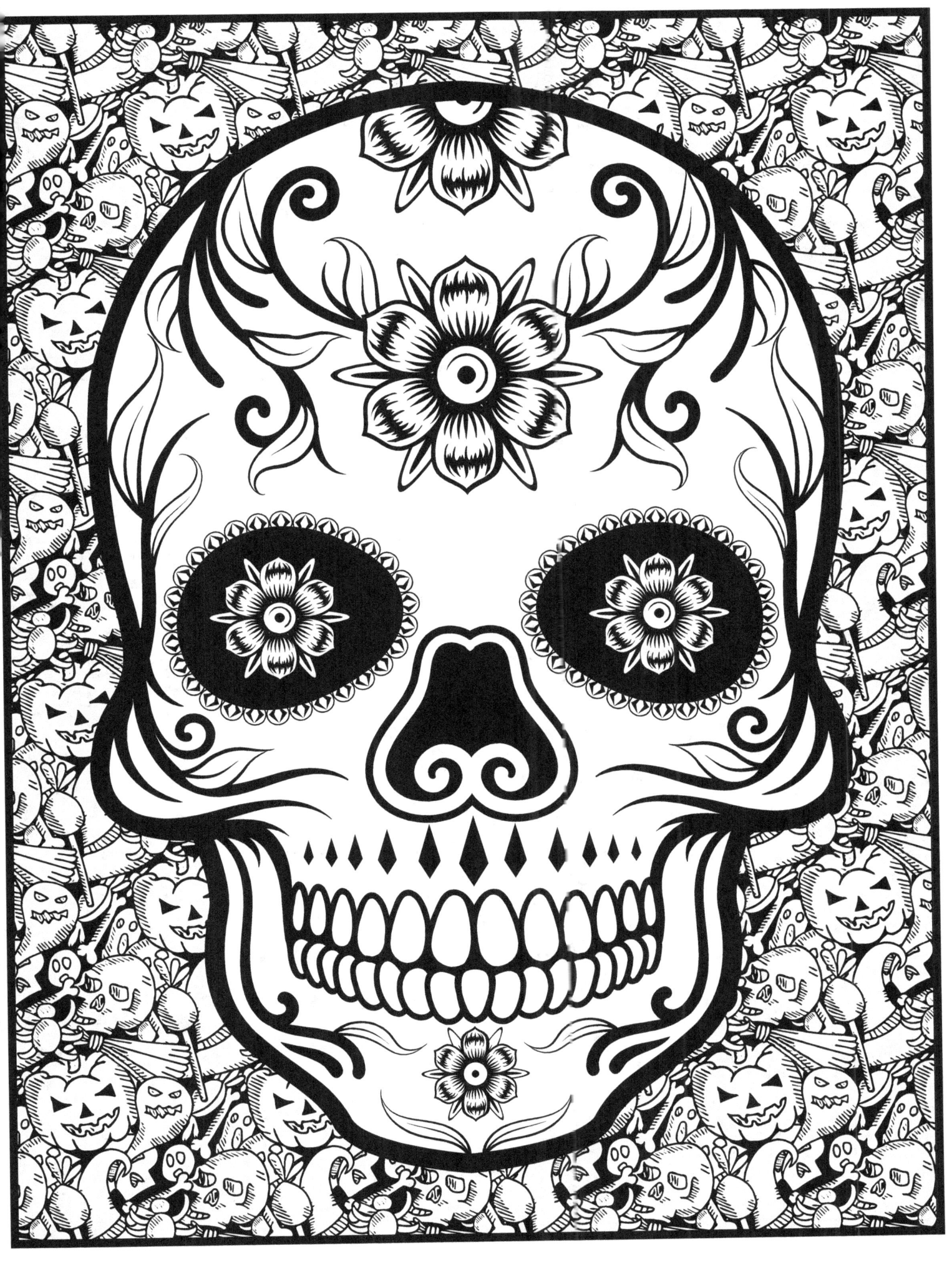

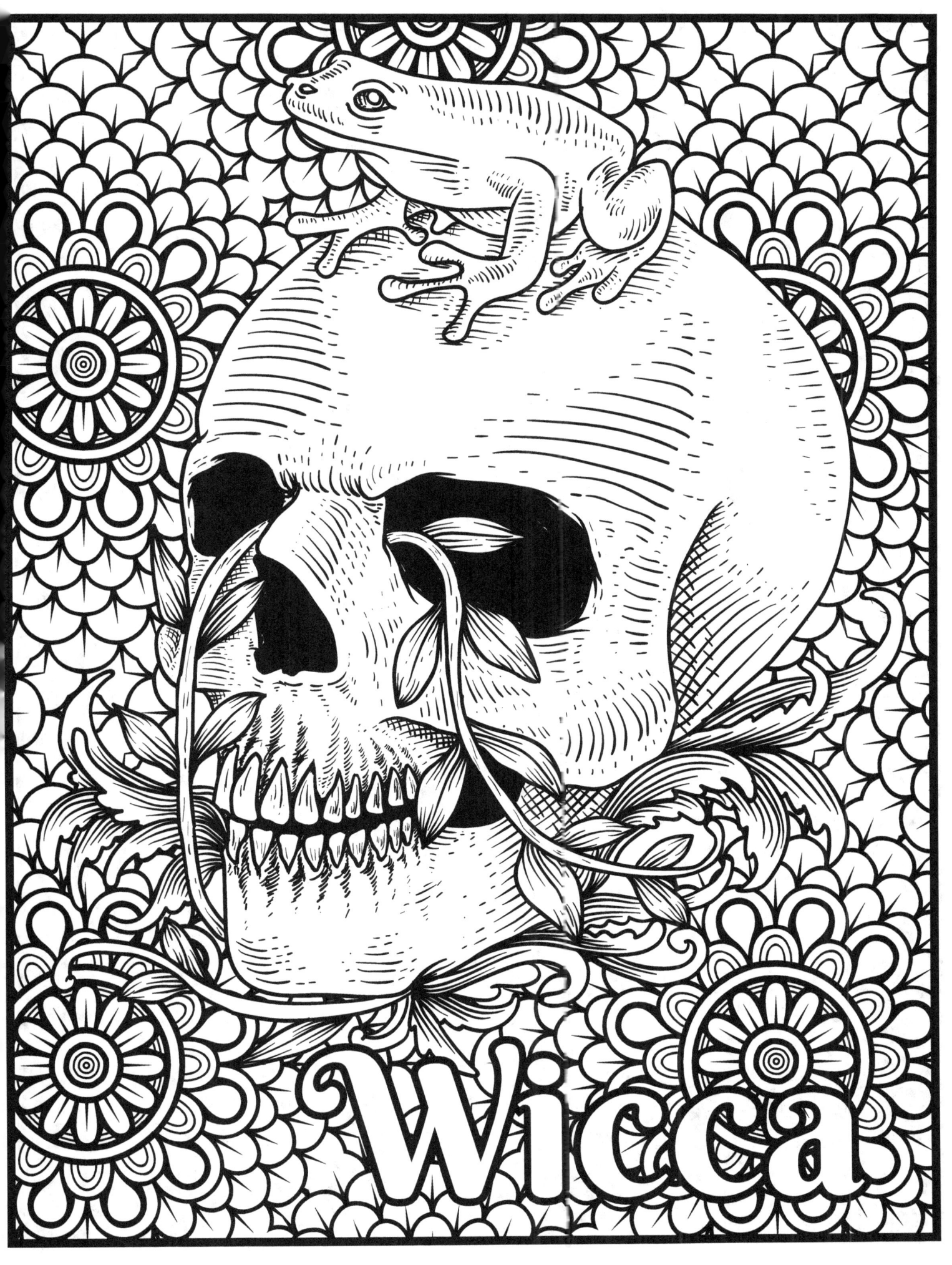

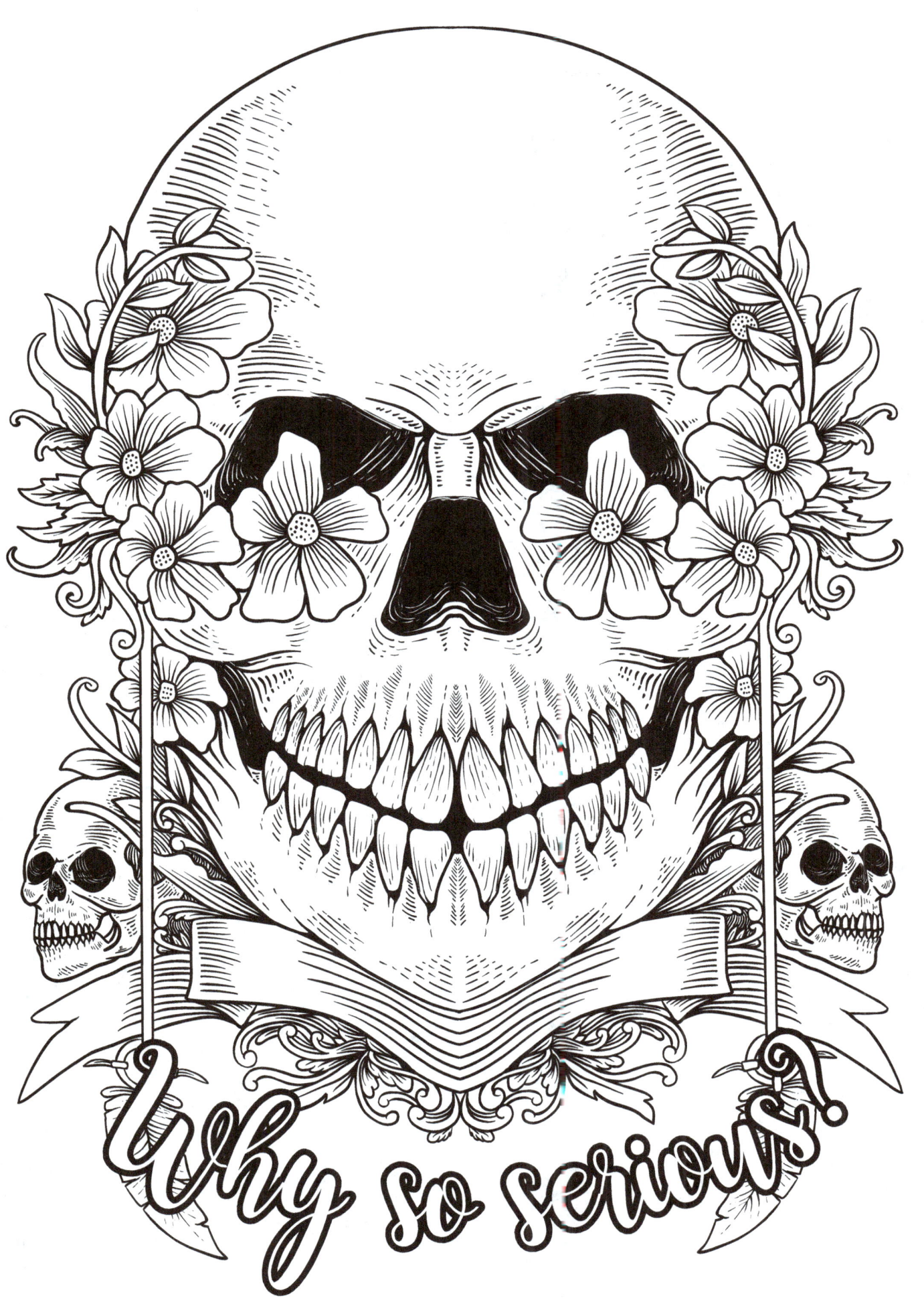

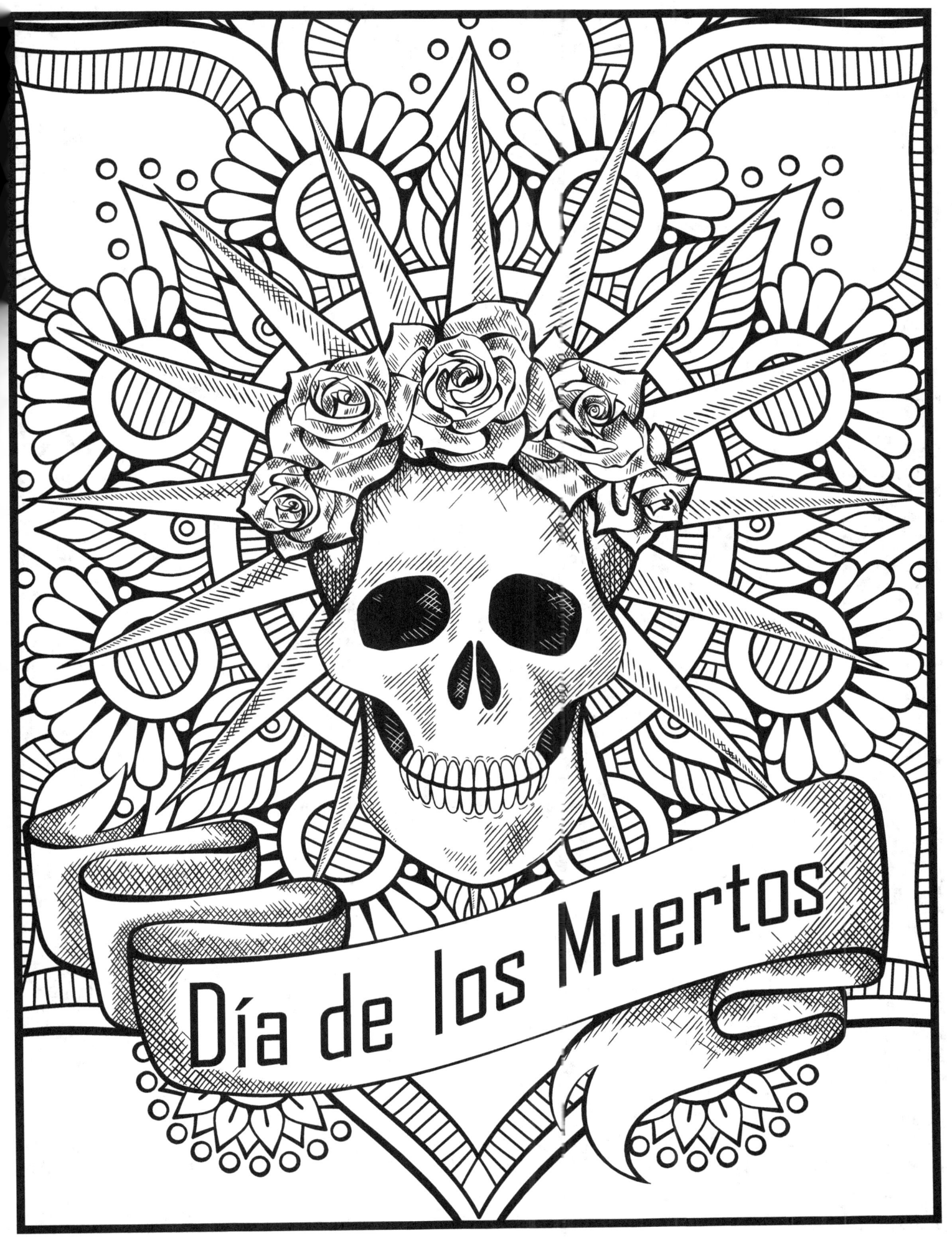

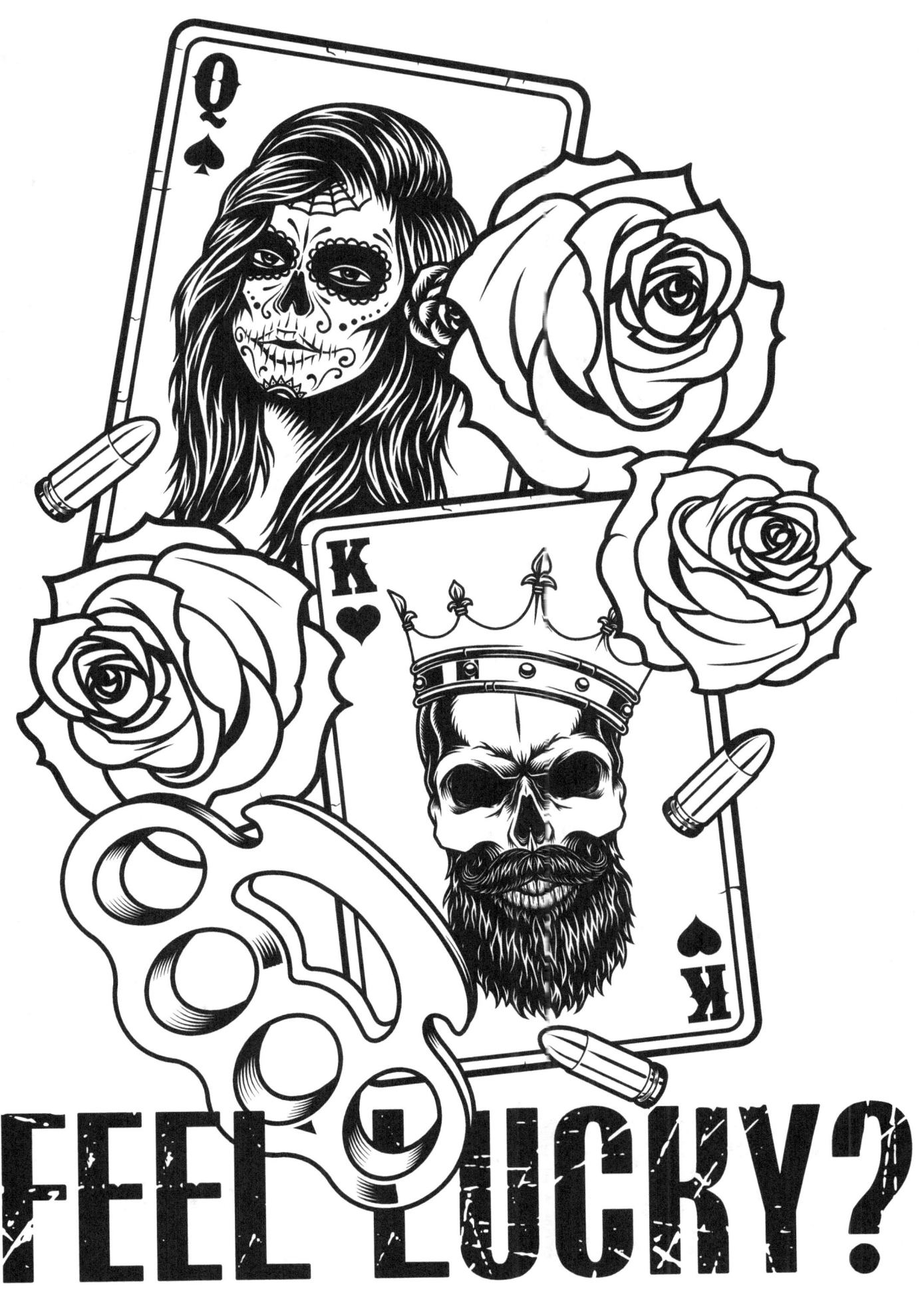

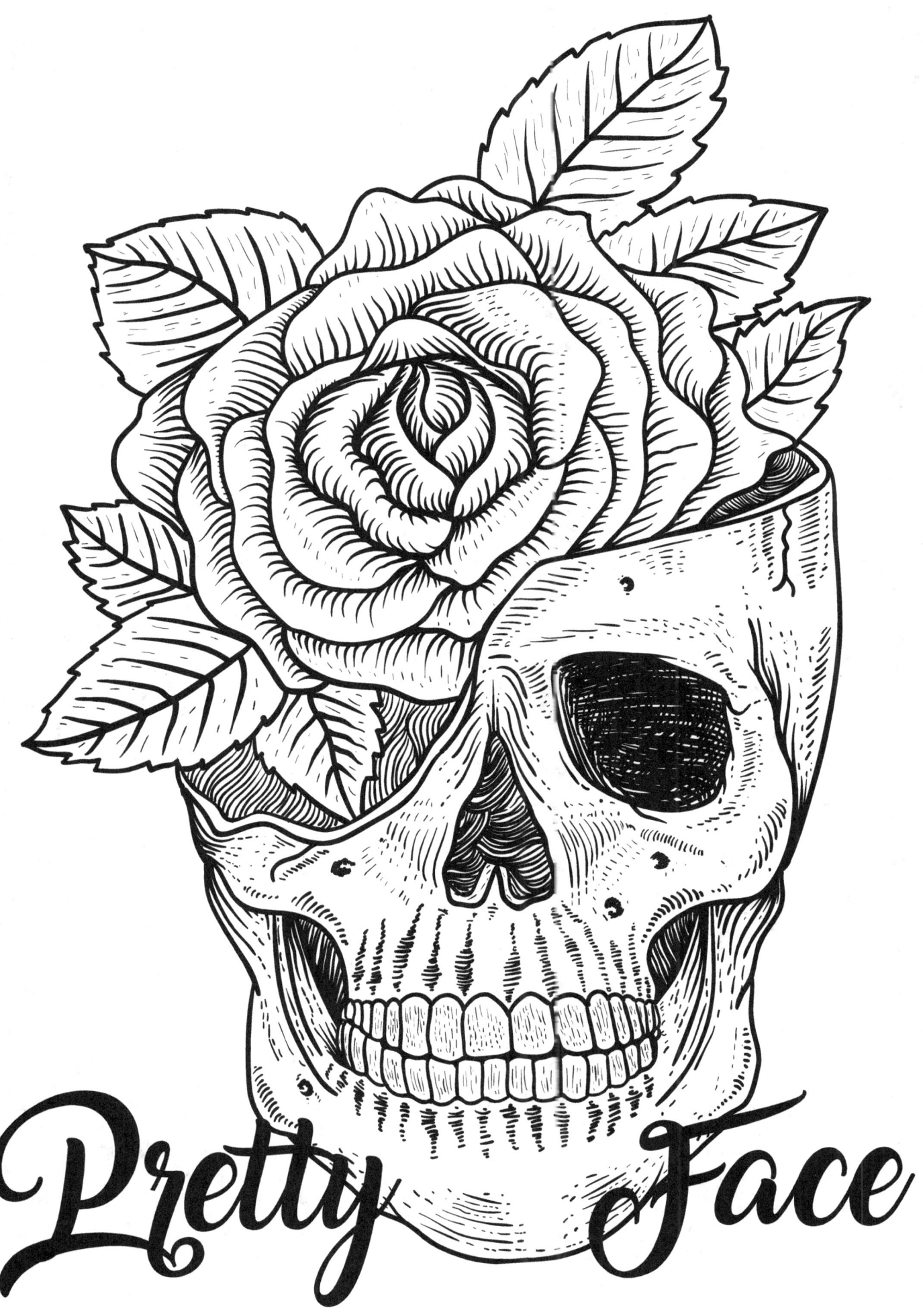

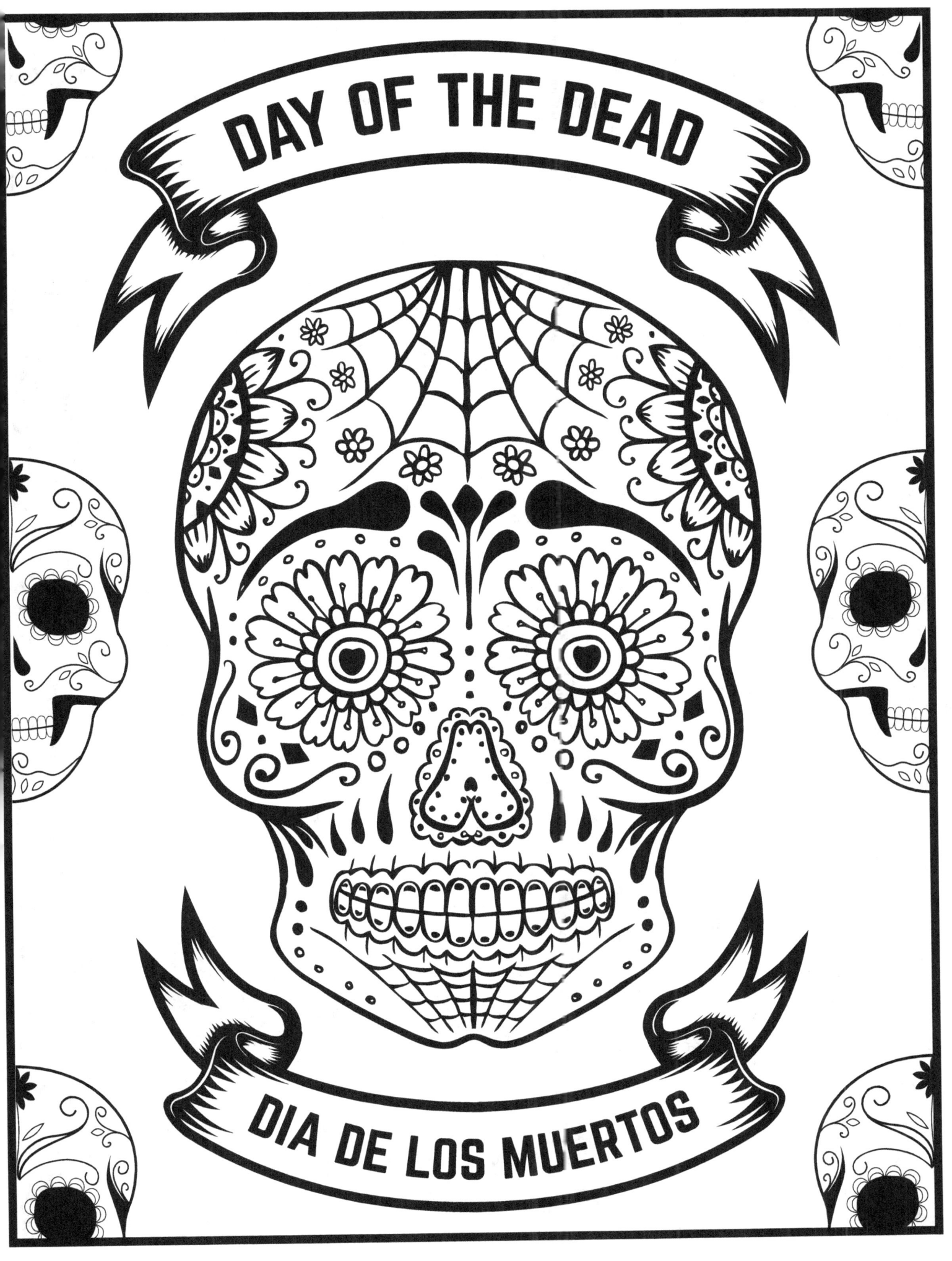

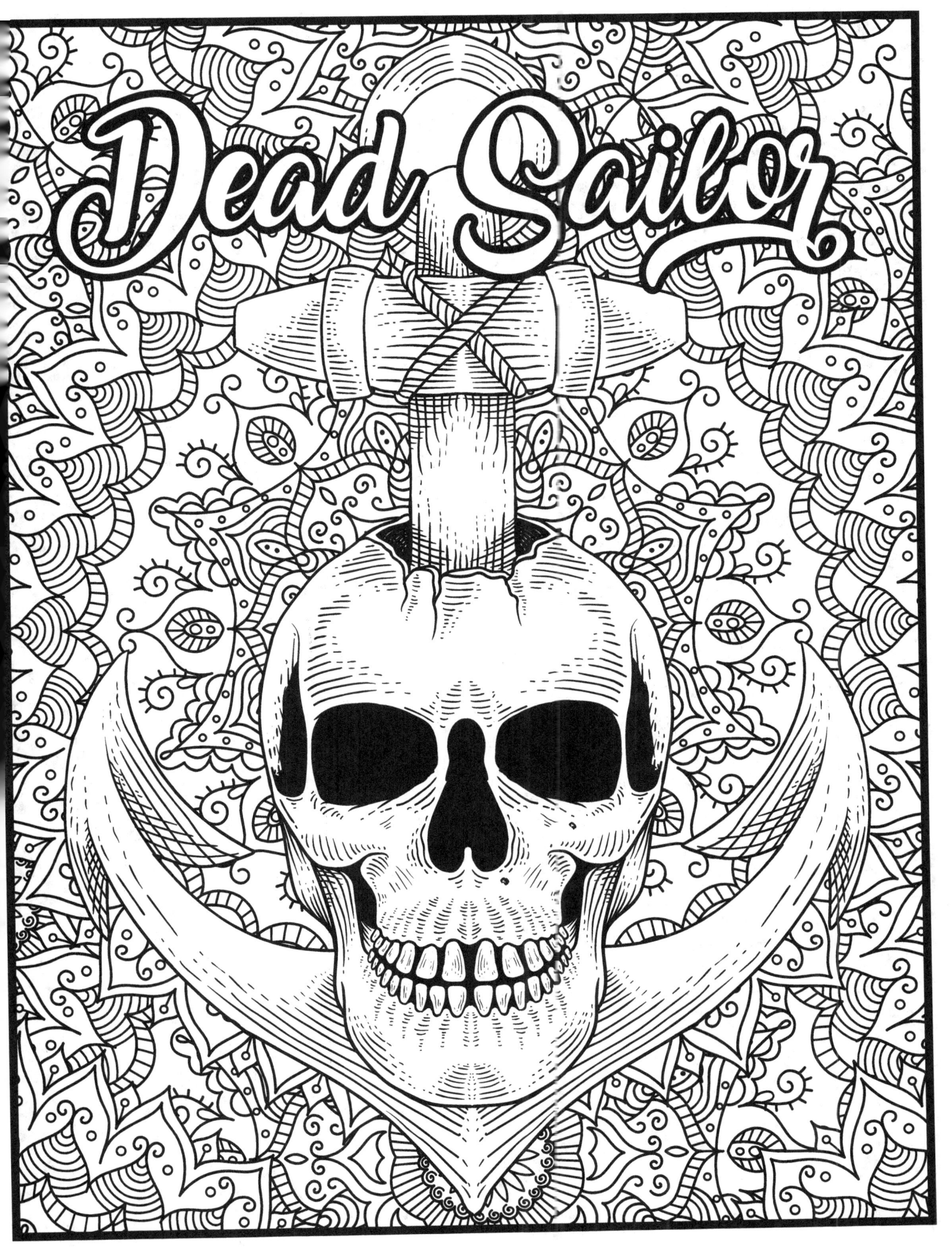

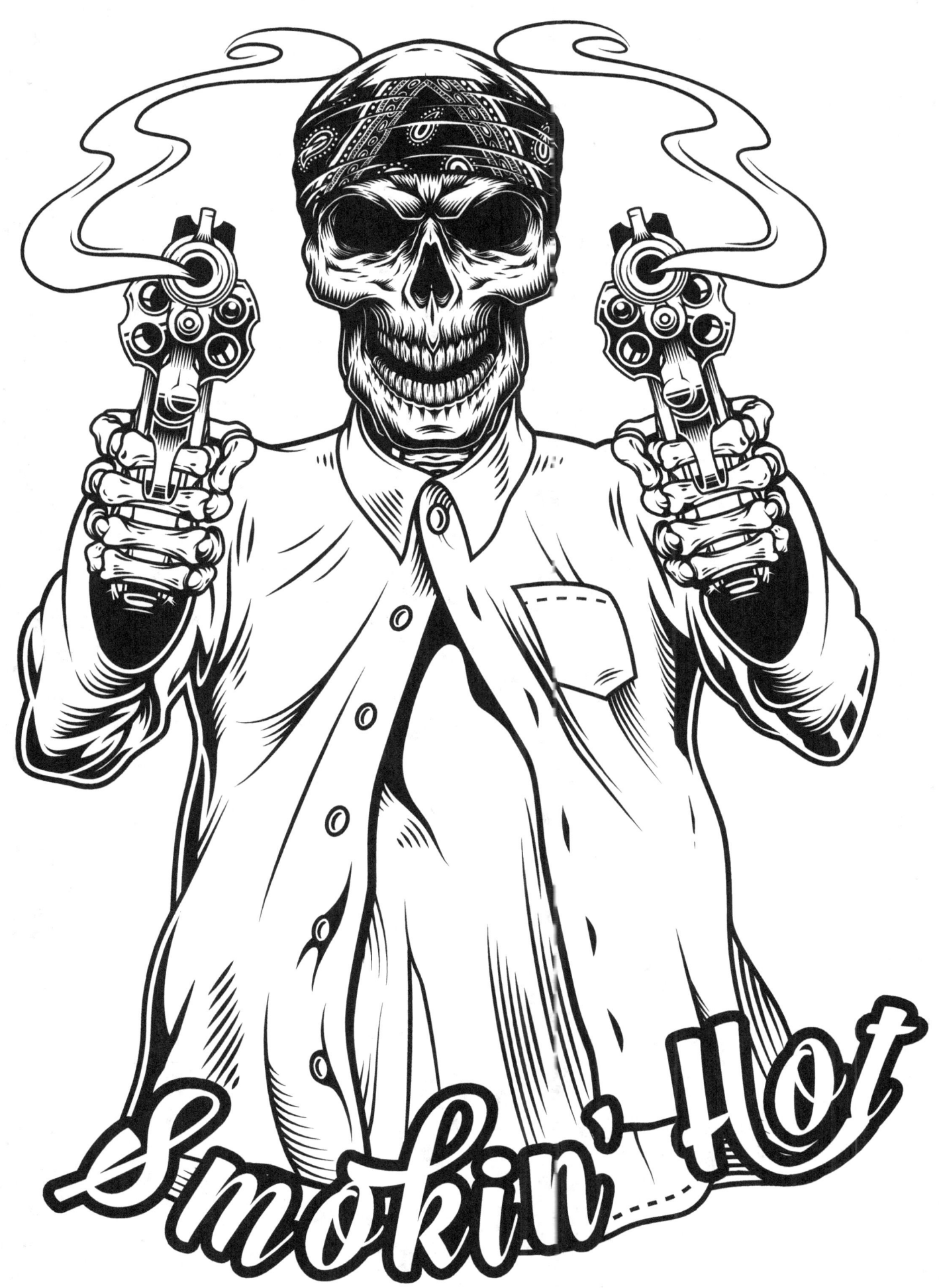

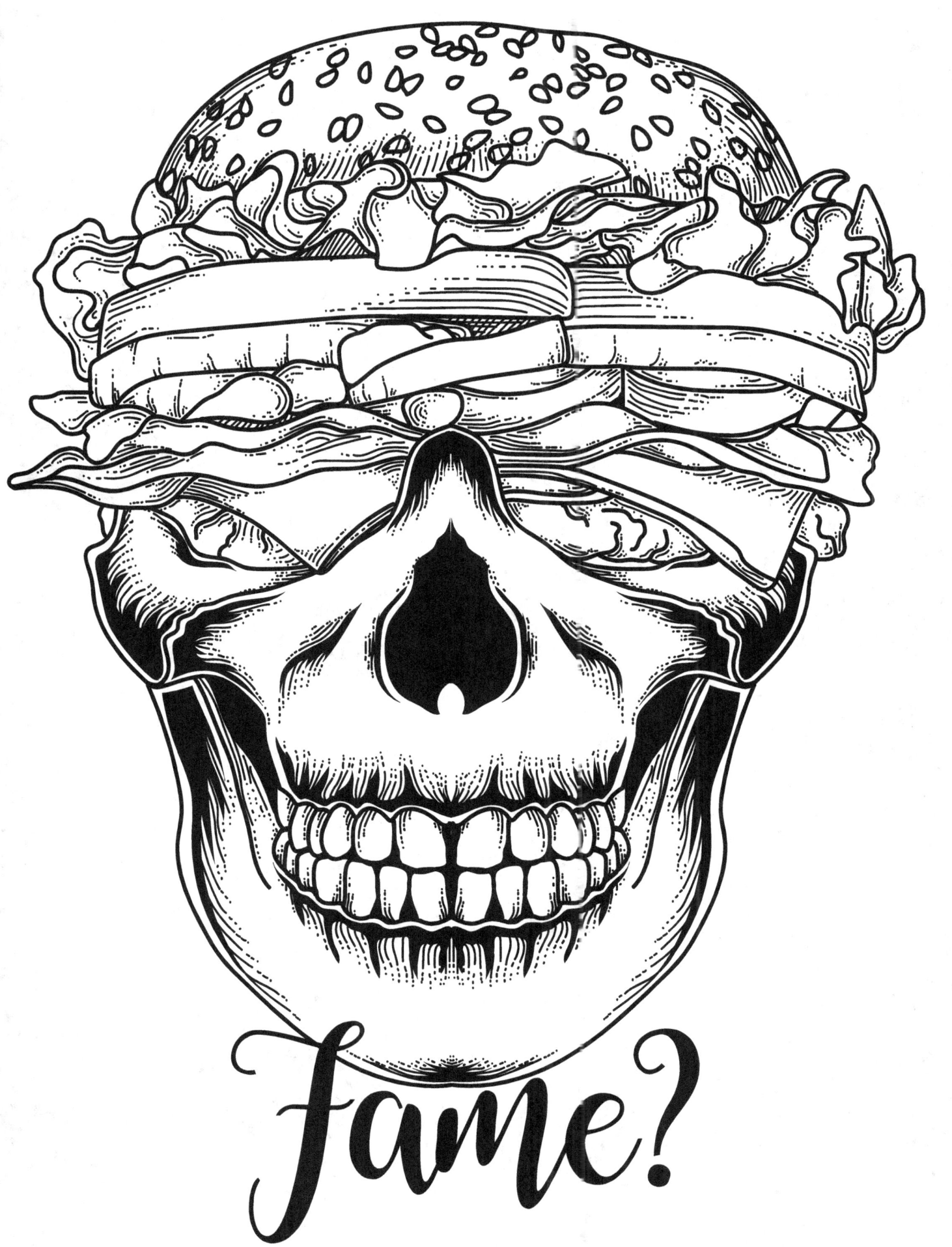

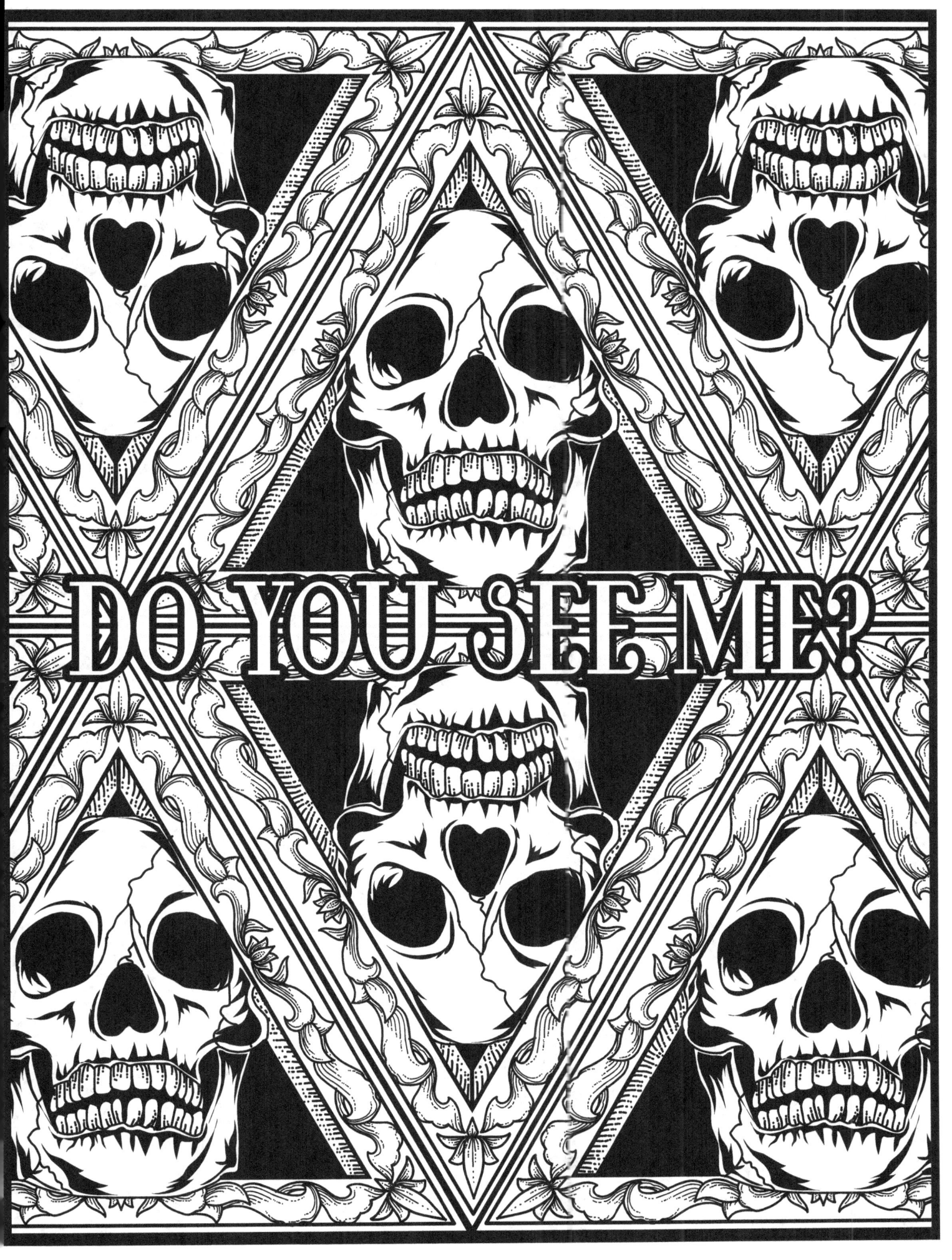

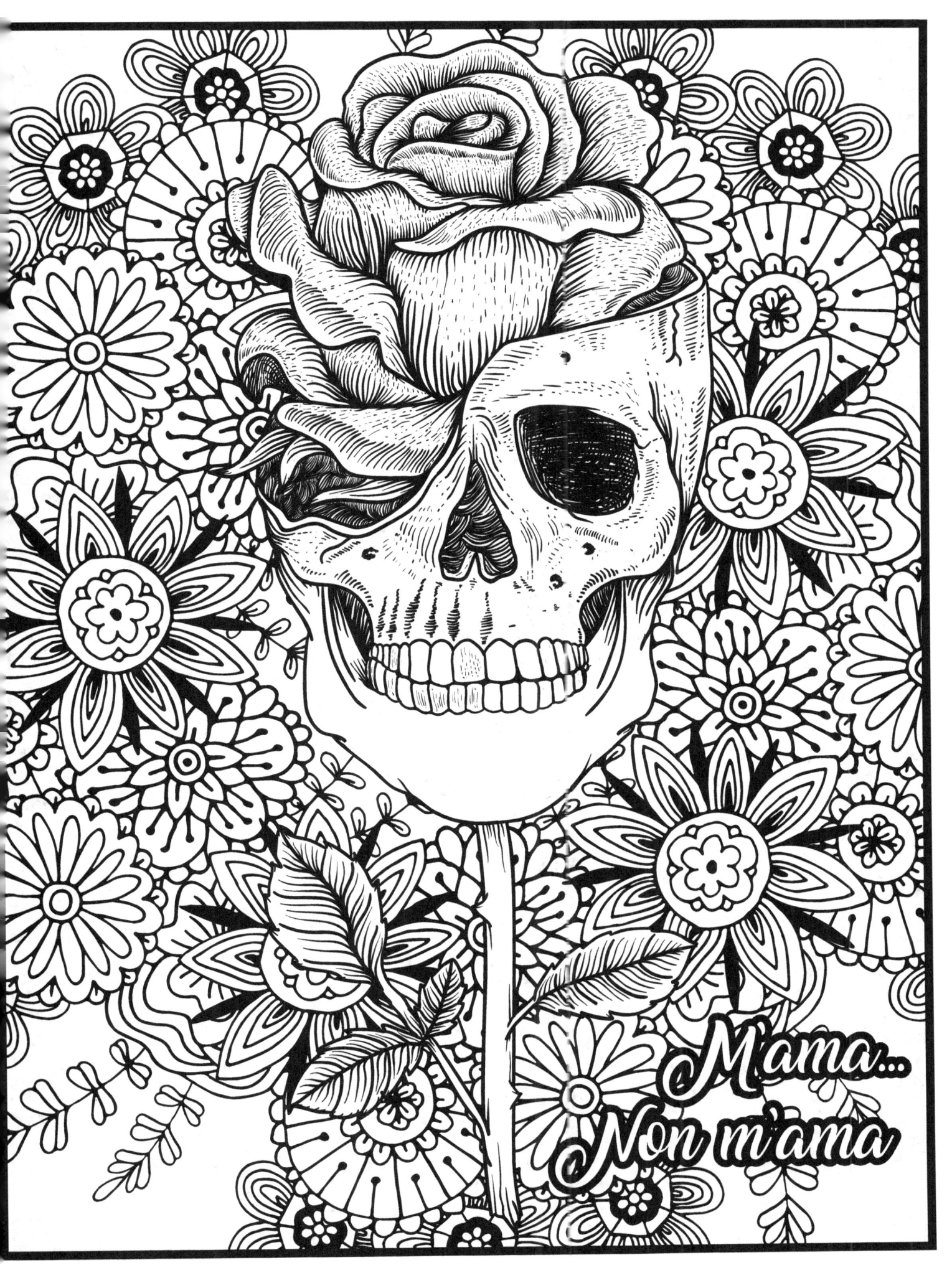

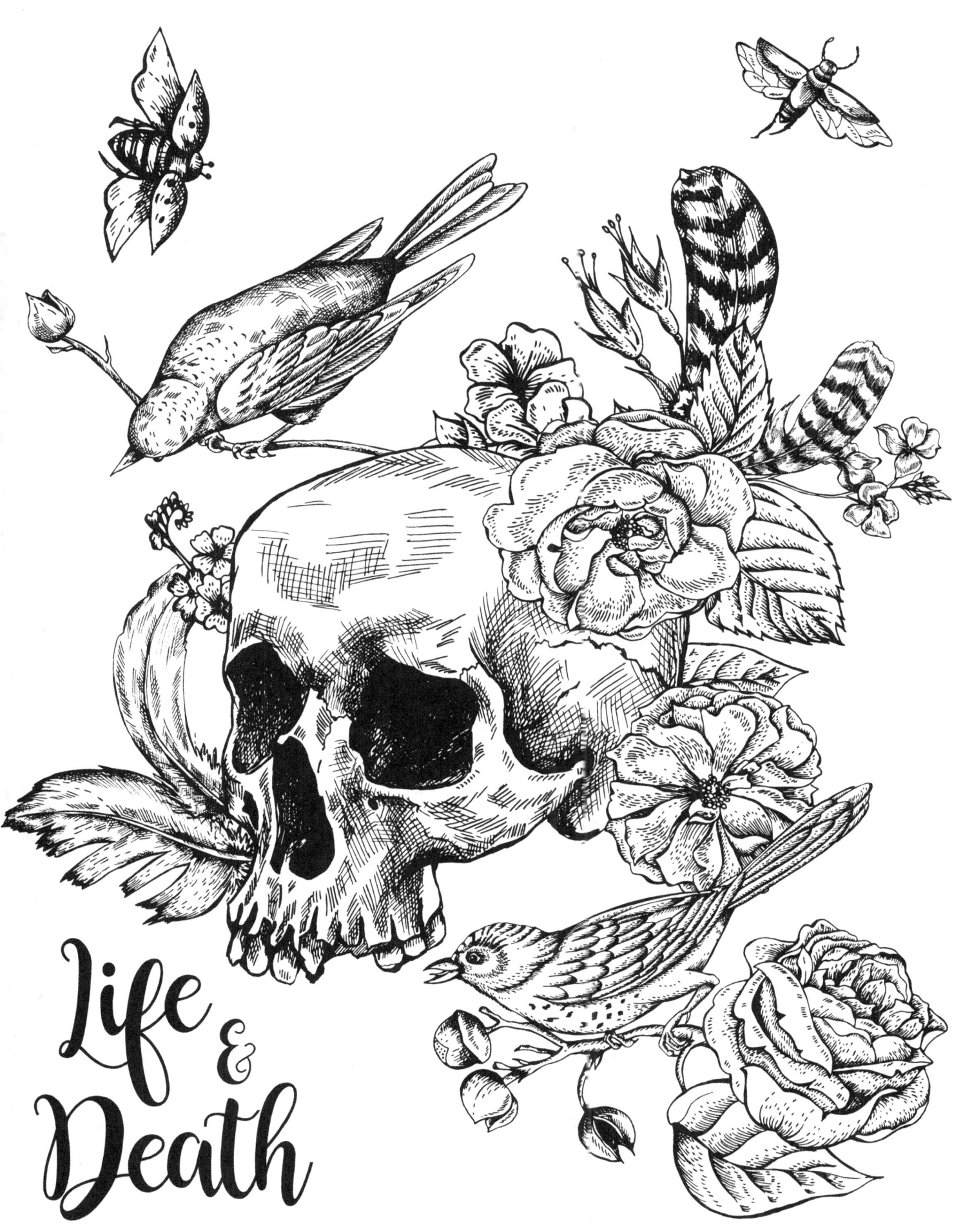

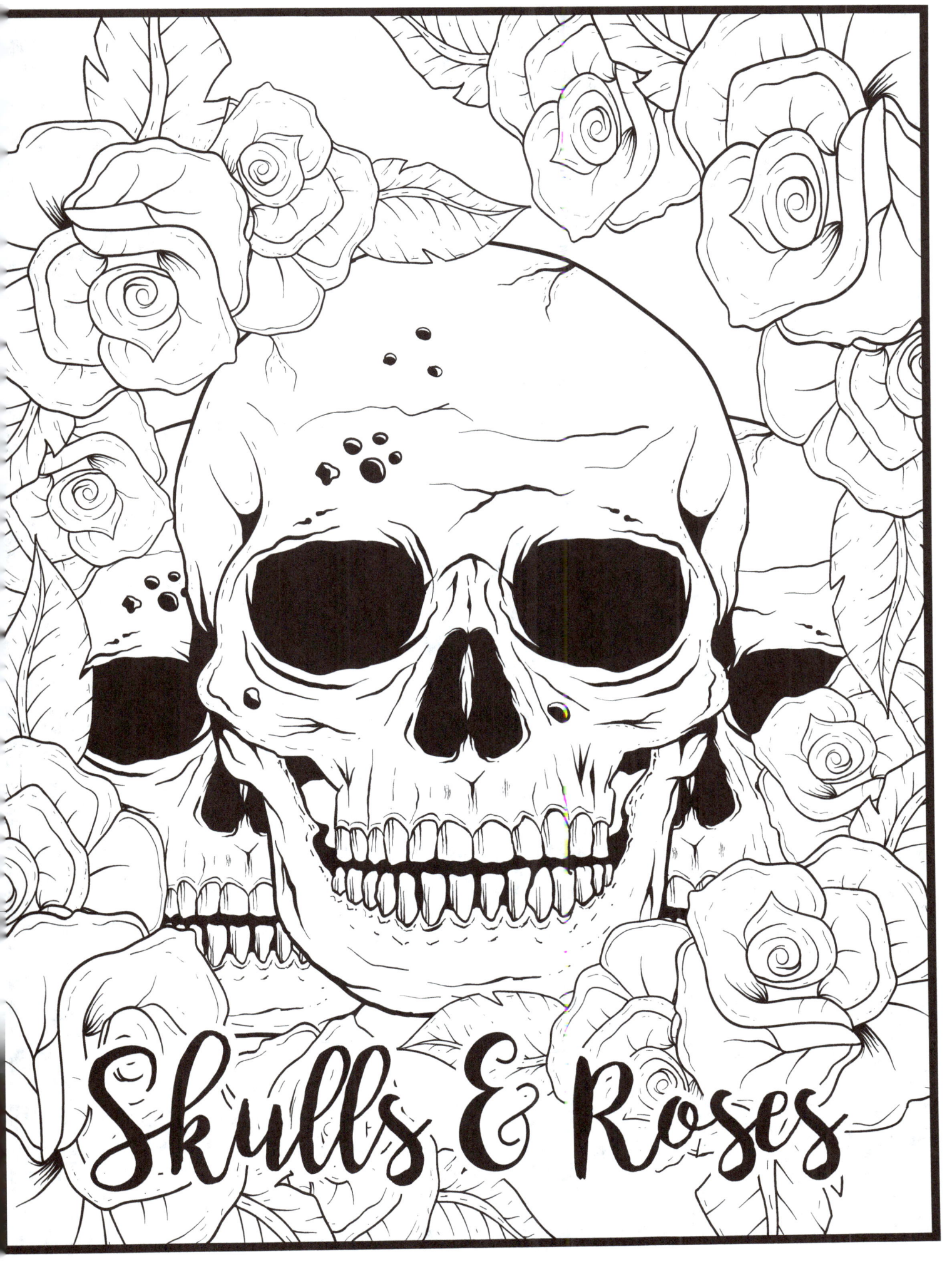

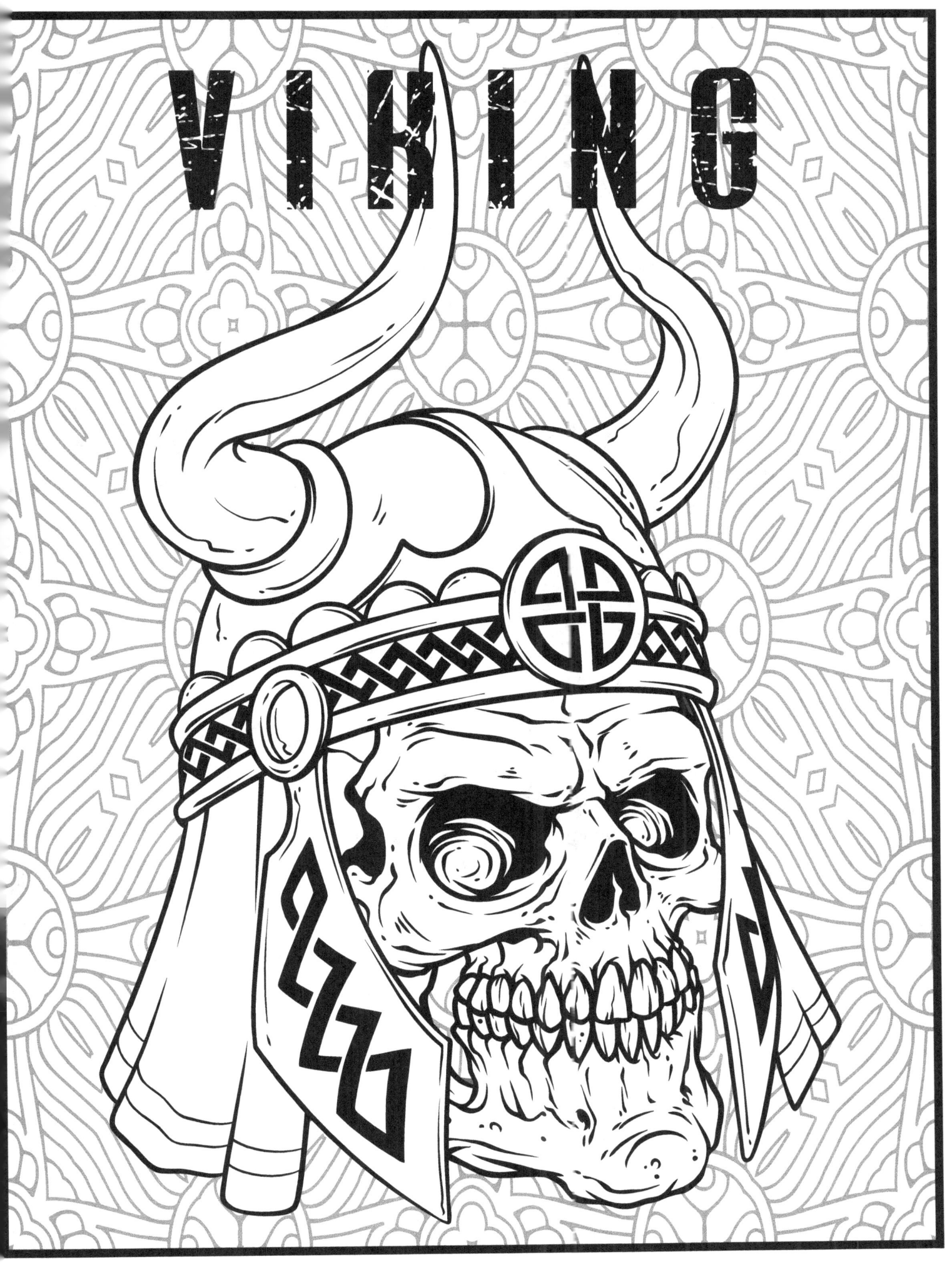

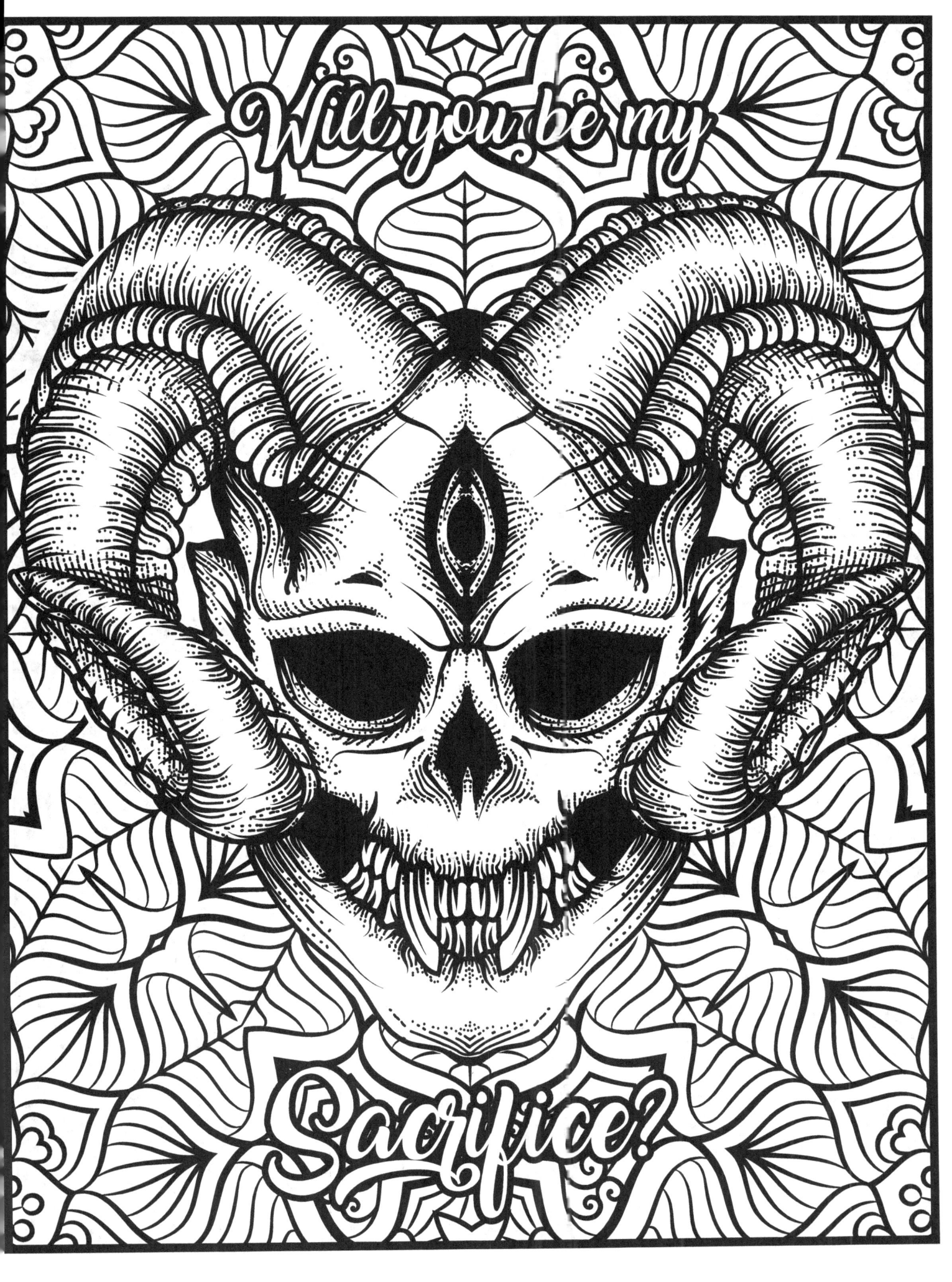

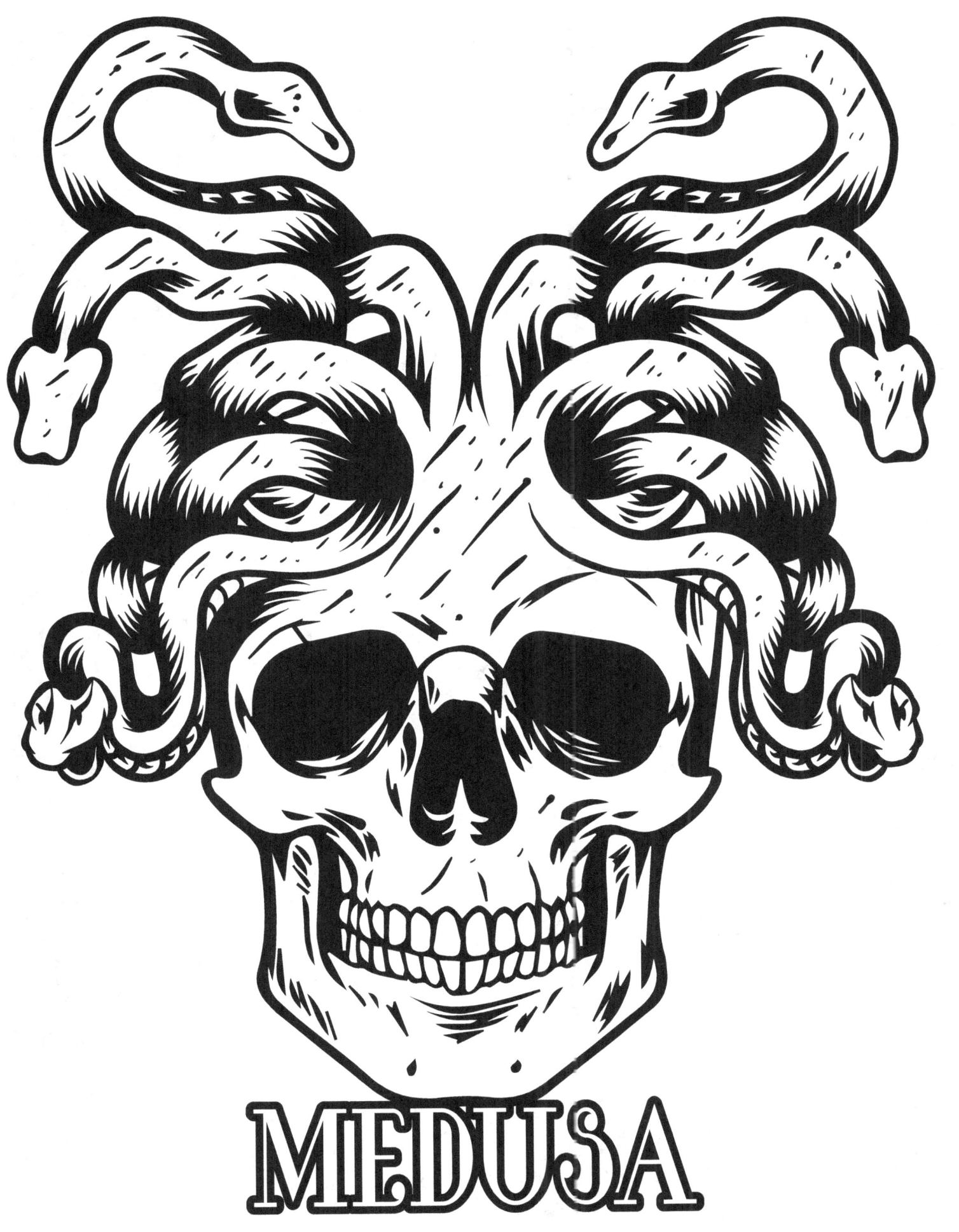

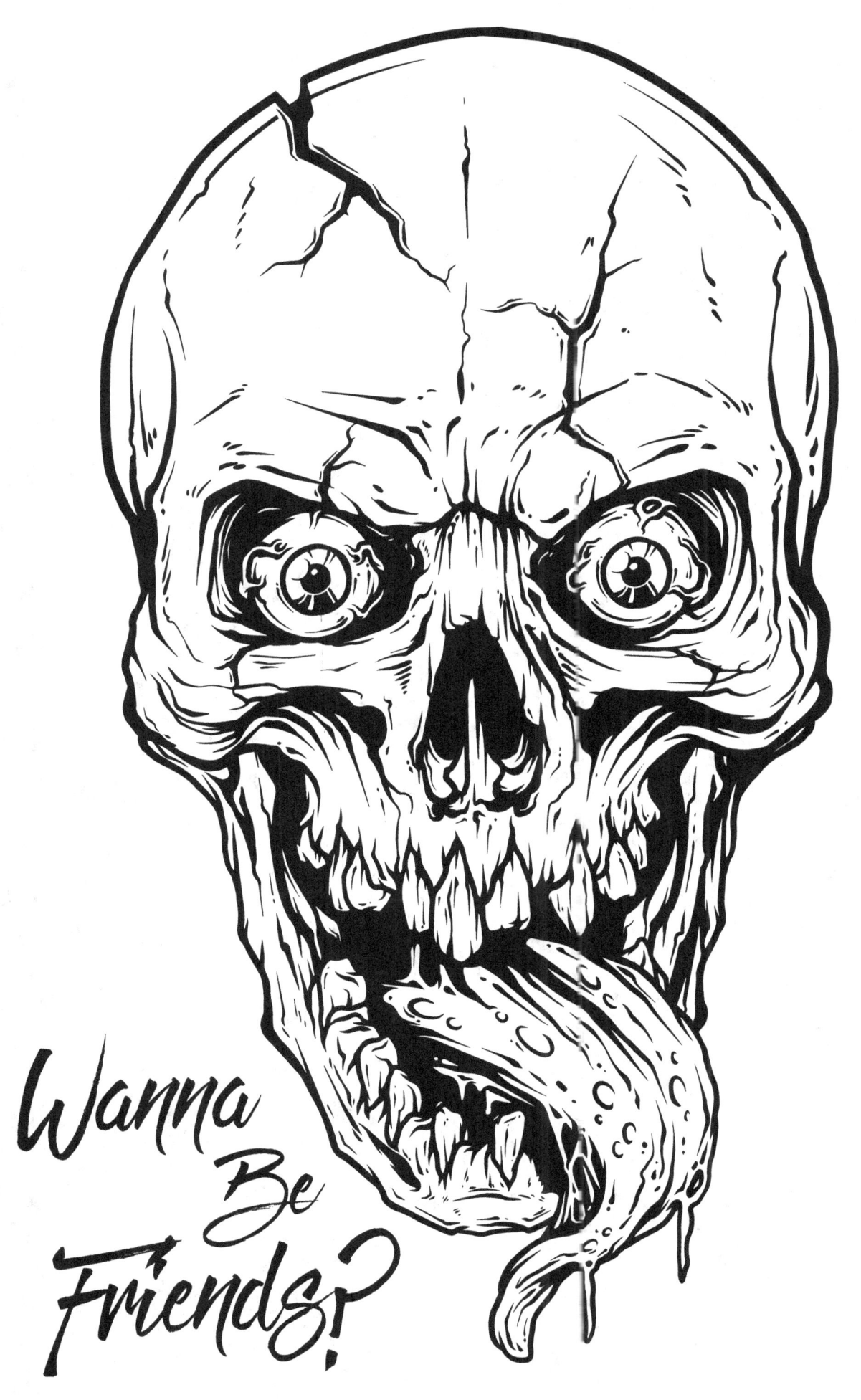

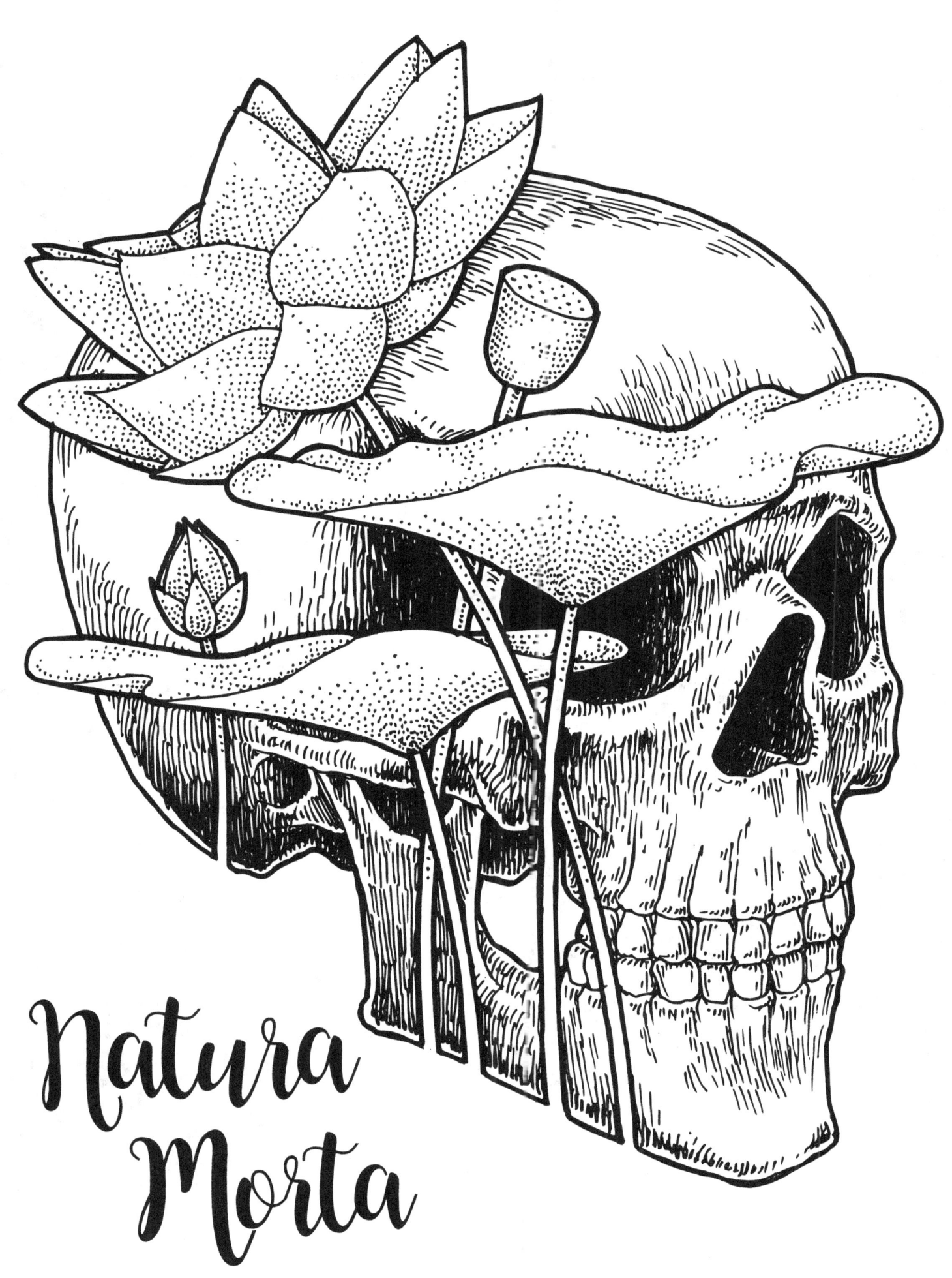

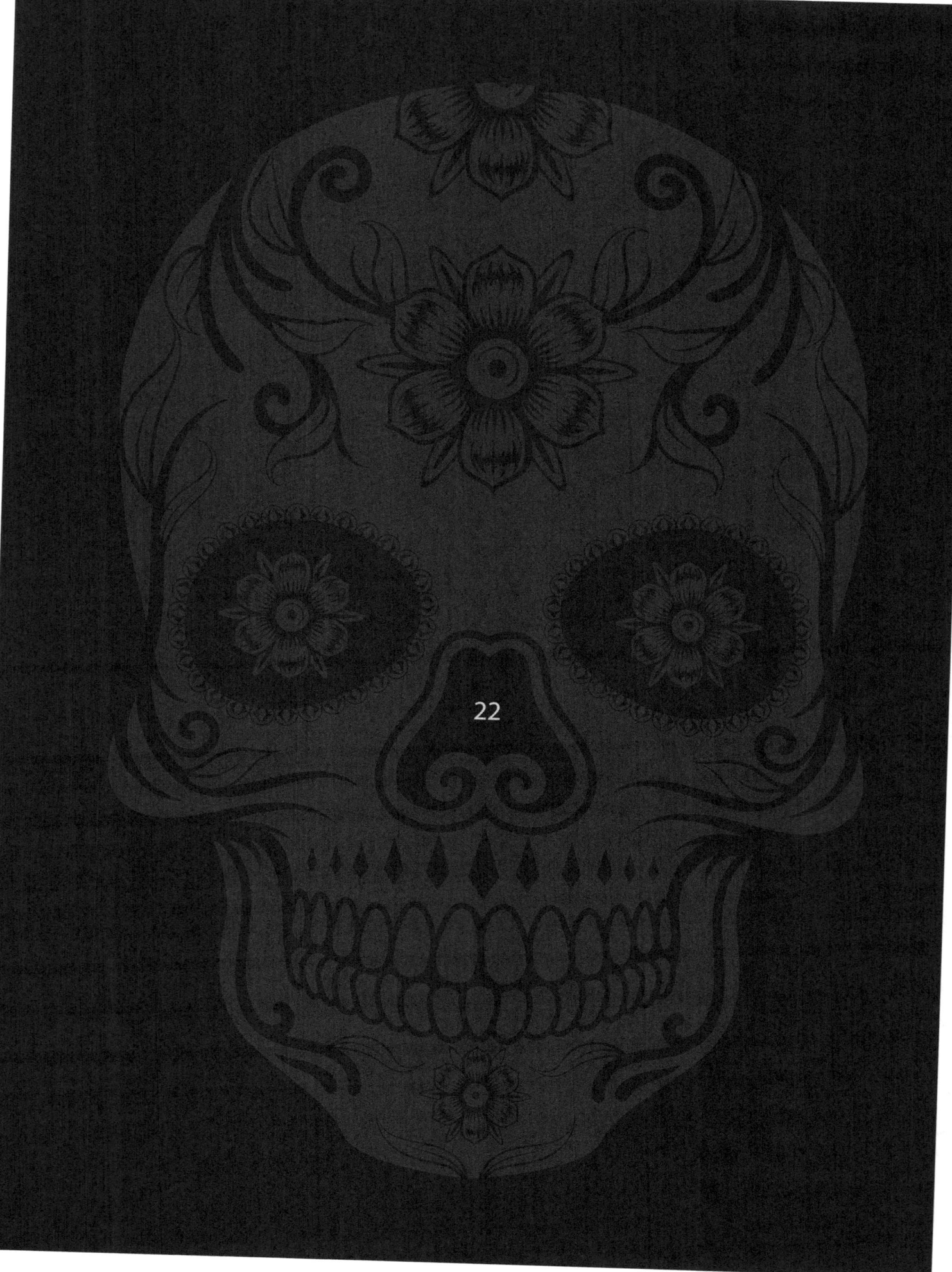

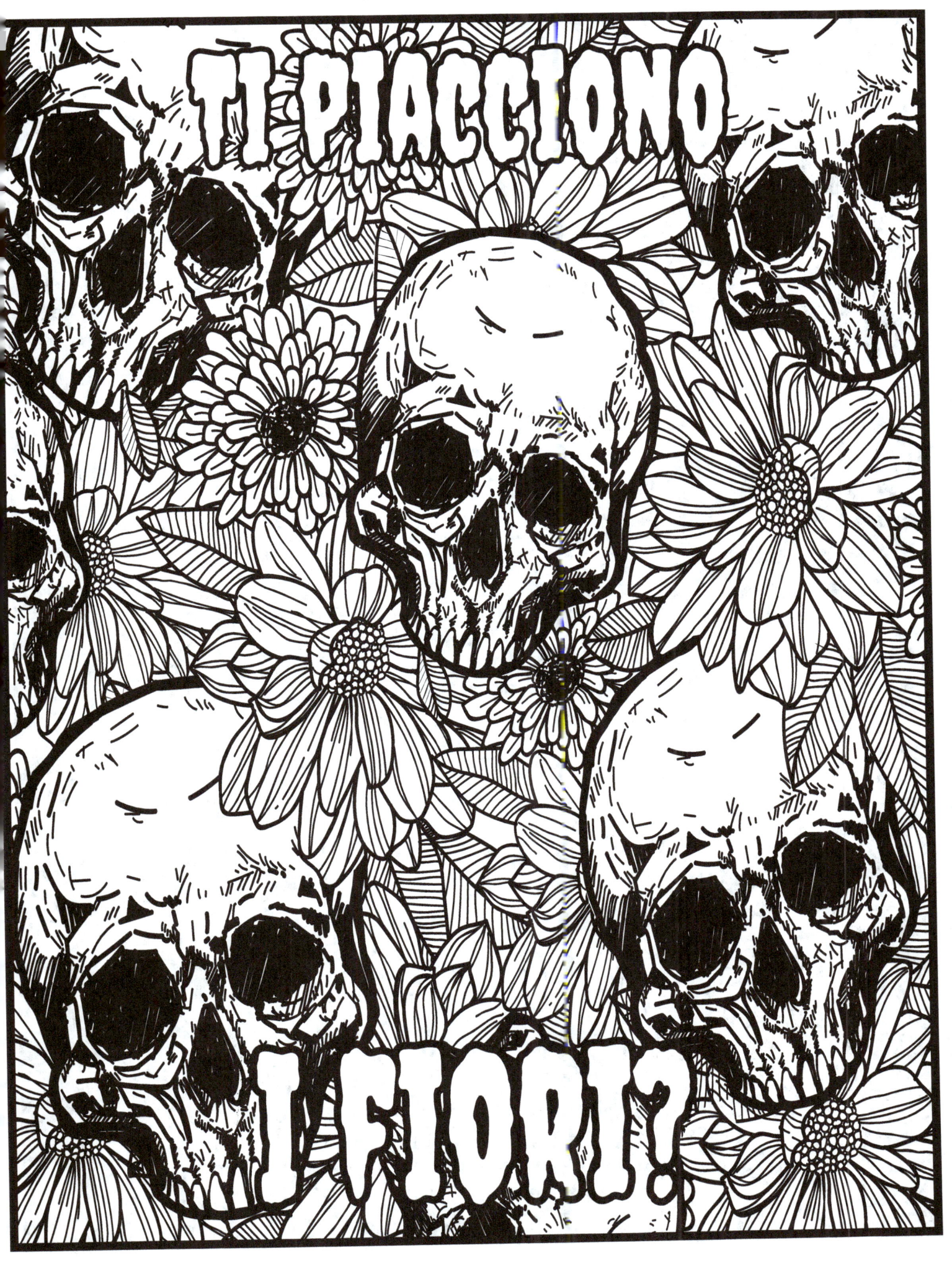

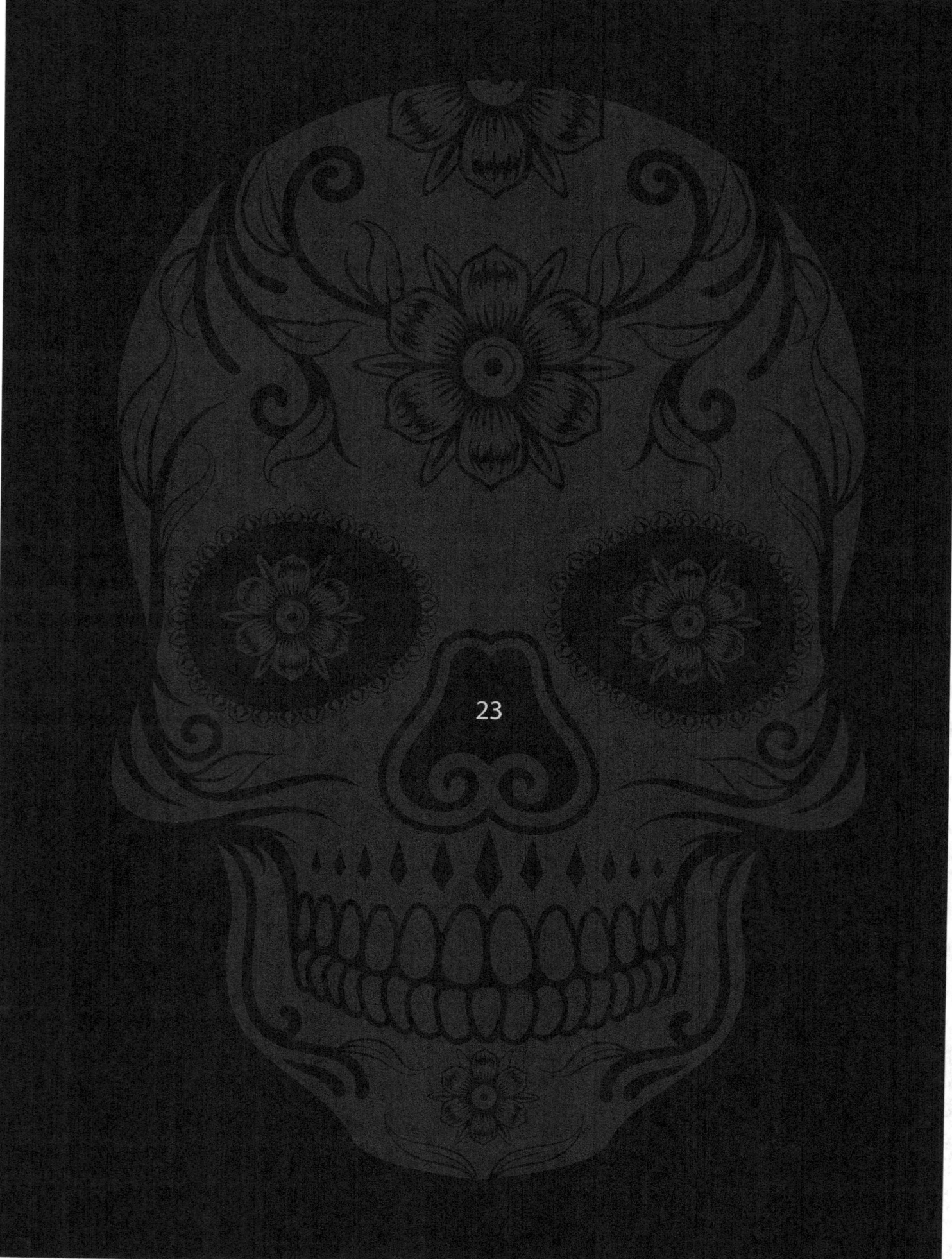

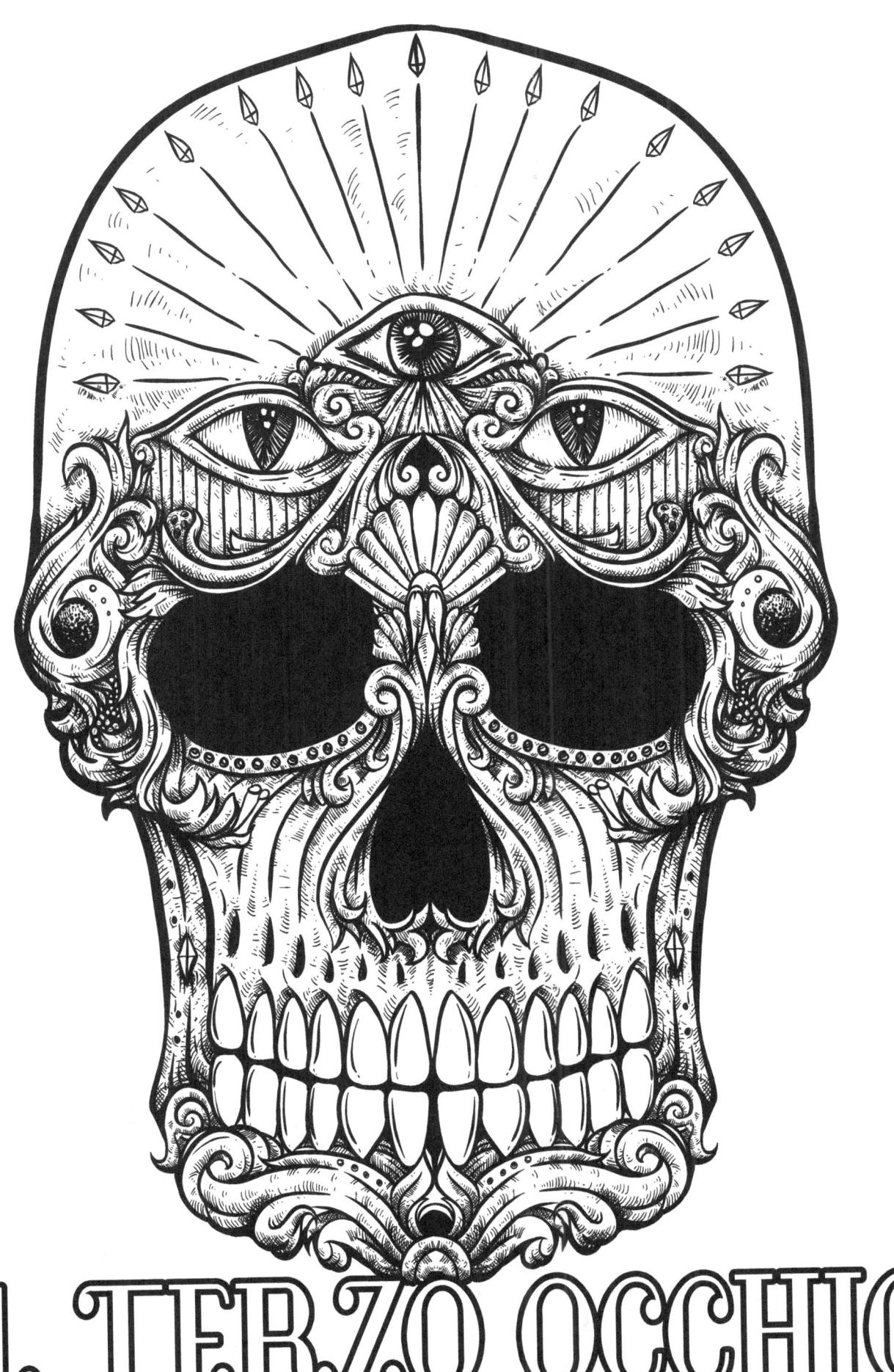

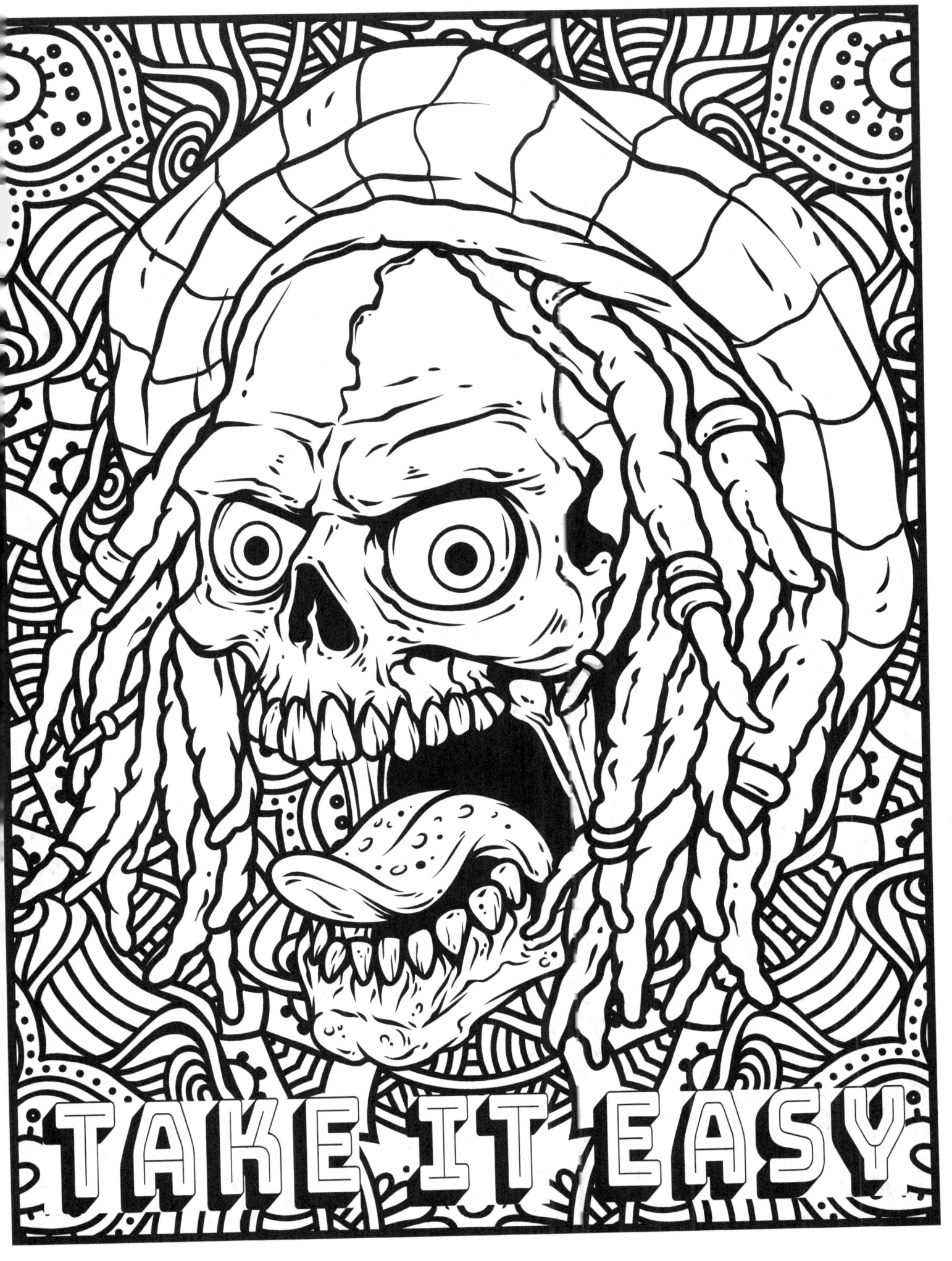

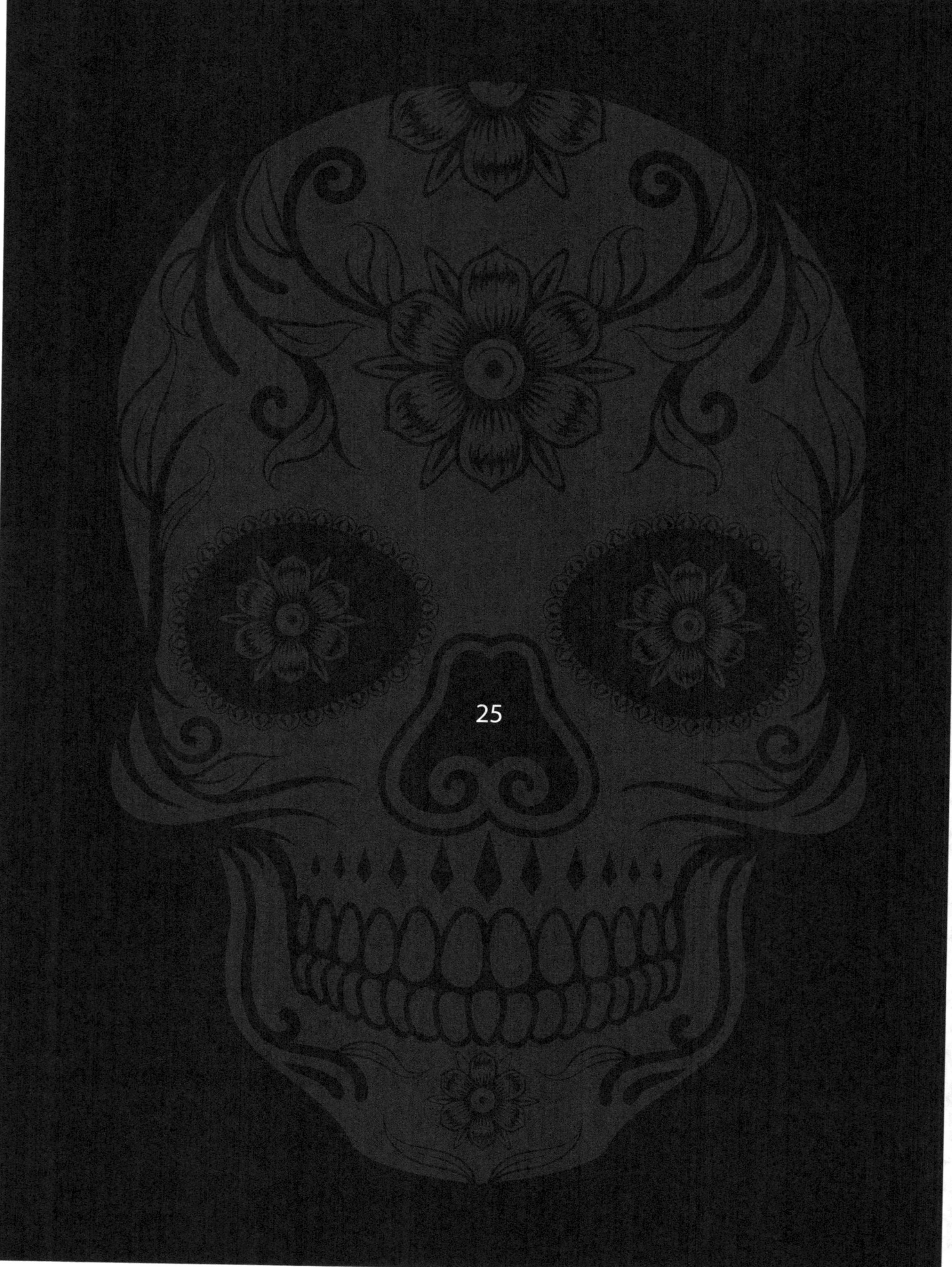

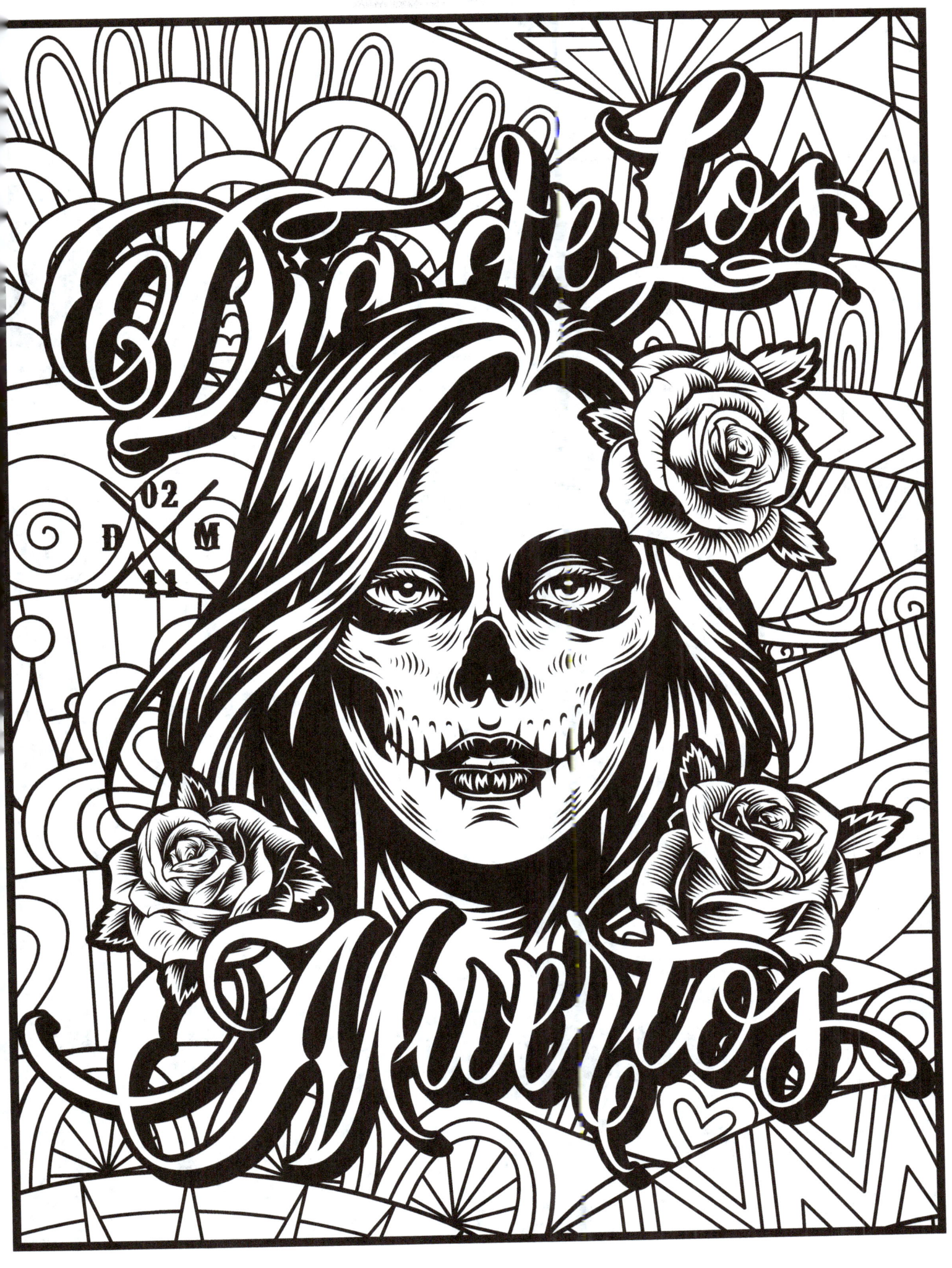

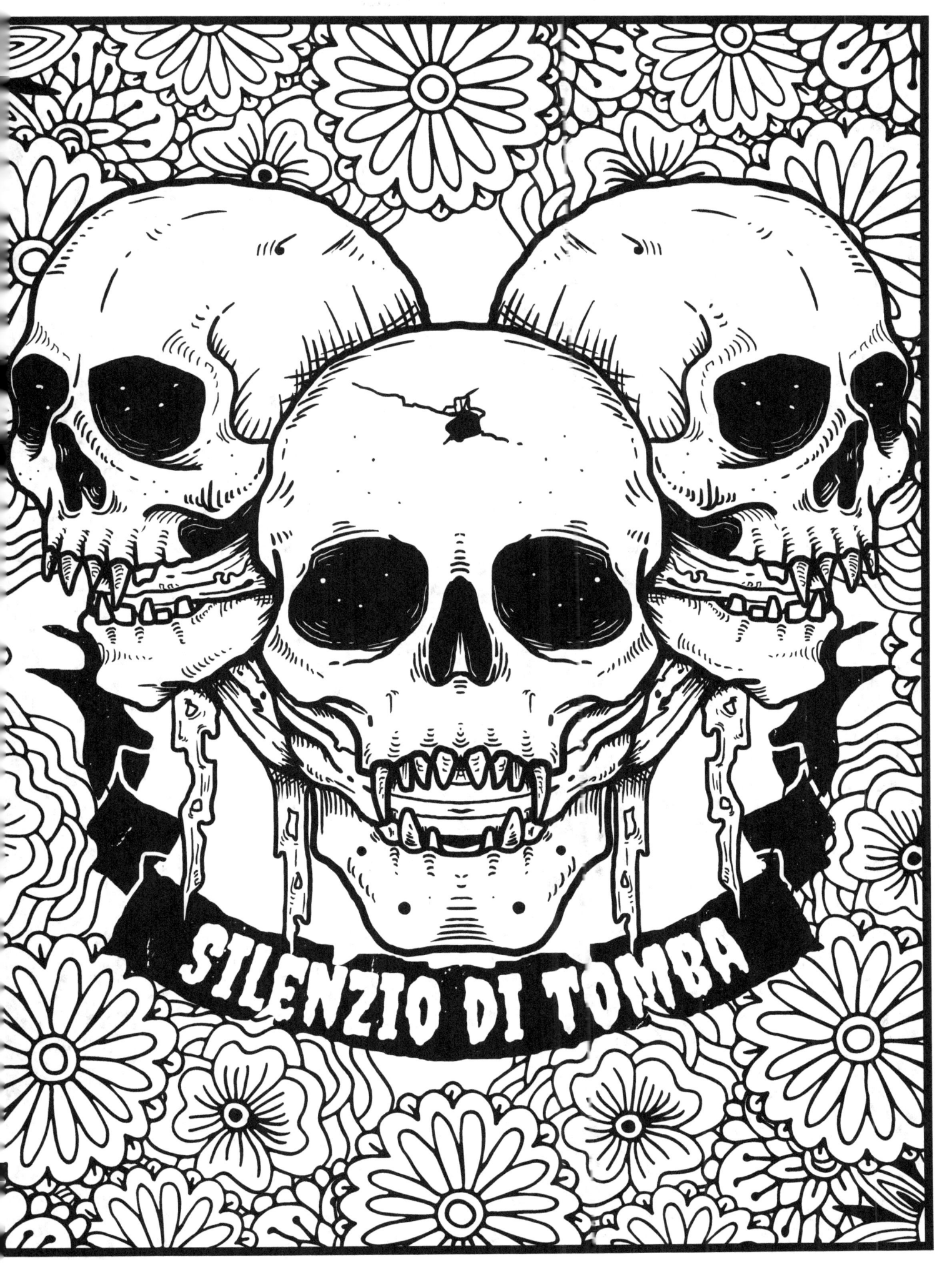

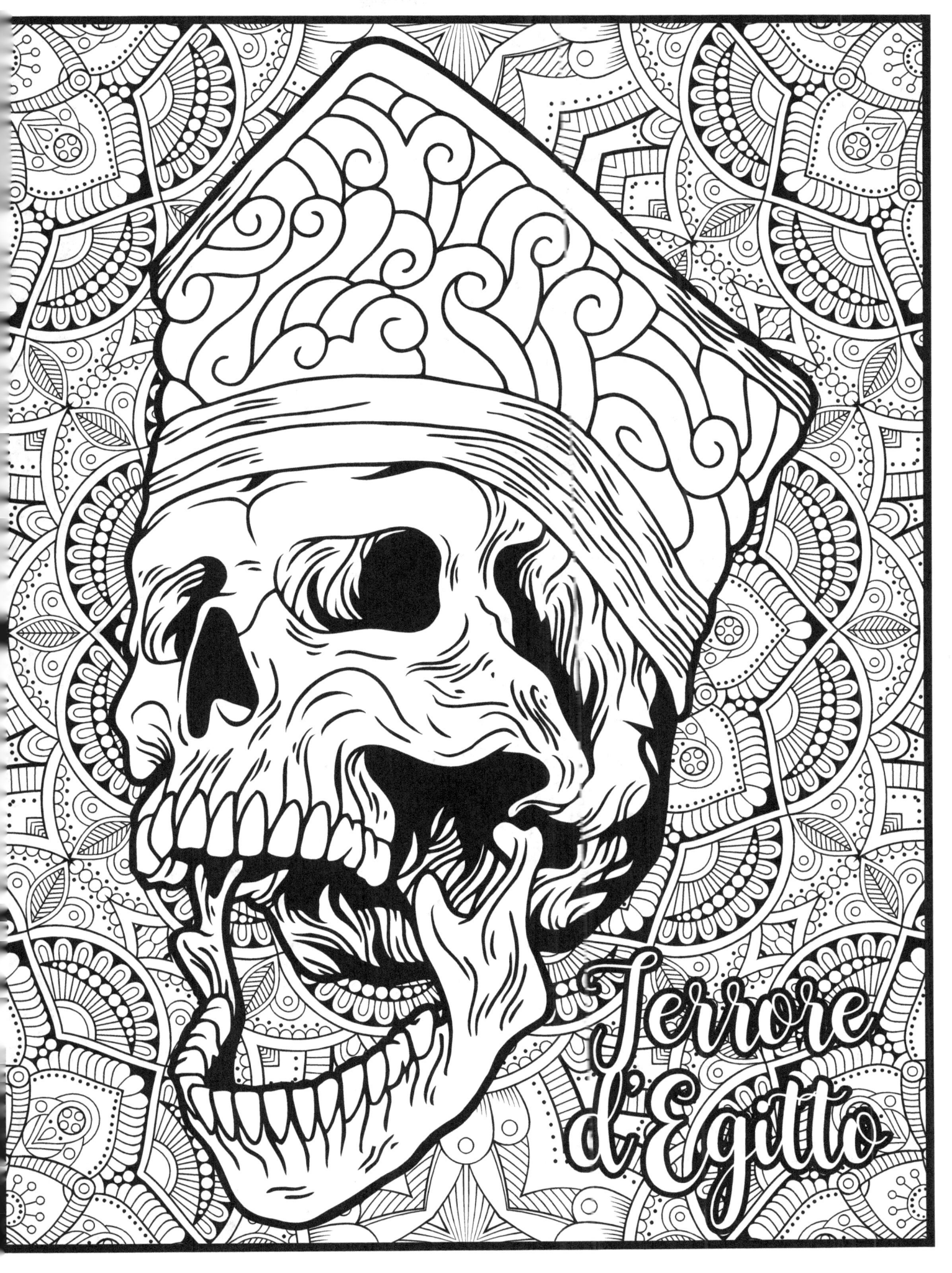

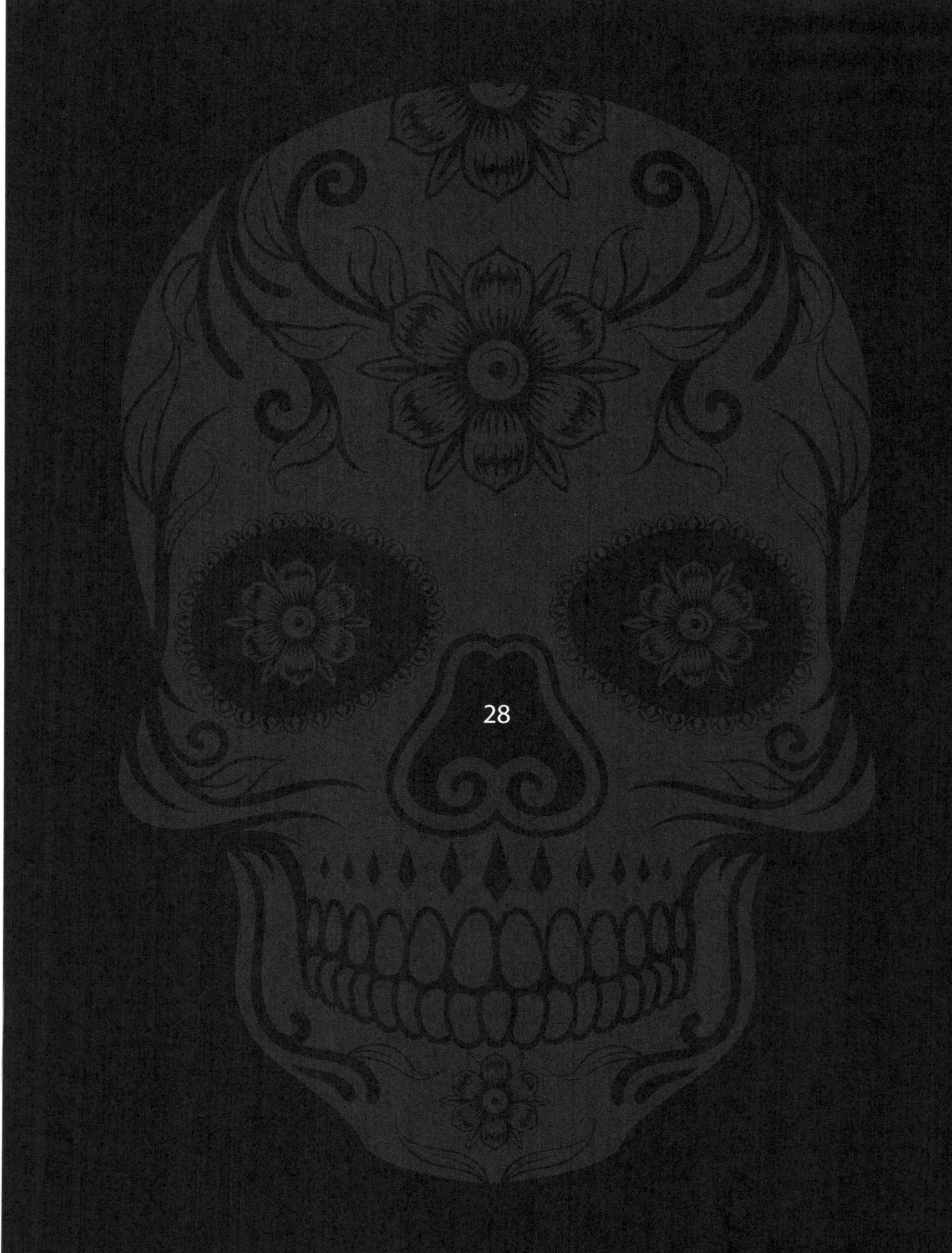

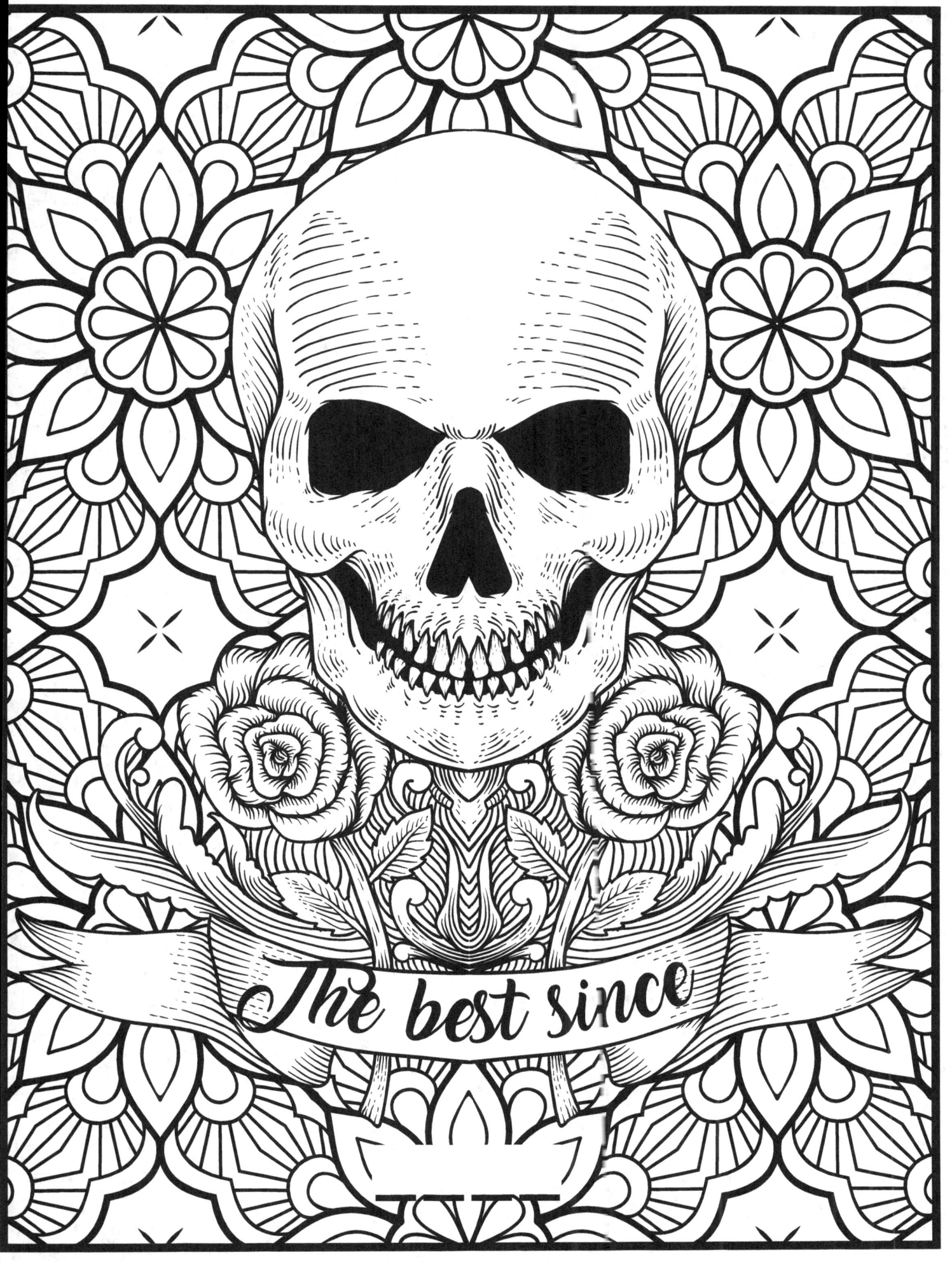

Scrivi il tuo anno di nascita nello spazio vuoto sotto alla scritta "The best since".
In questo modo avrai completato la frase del disegno
che tradotta significa "il migliore dal..."

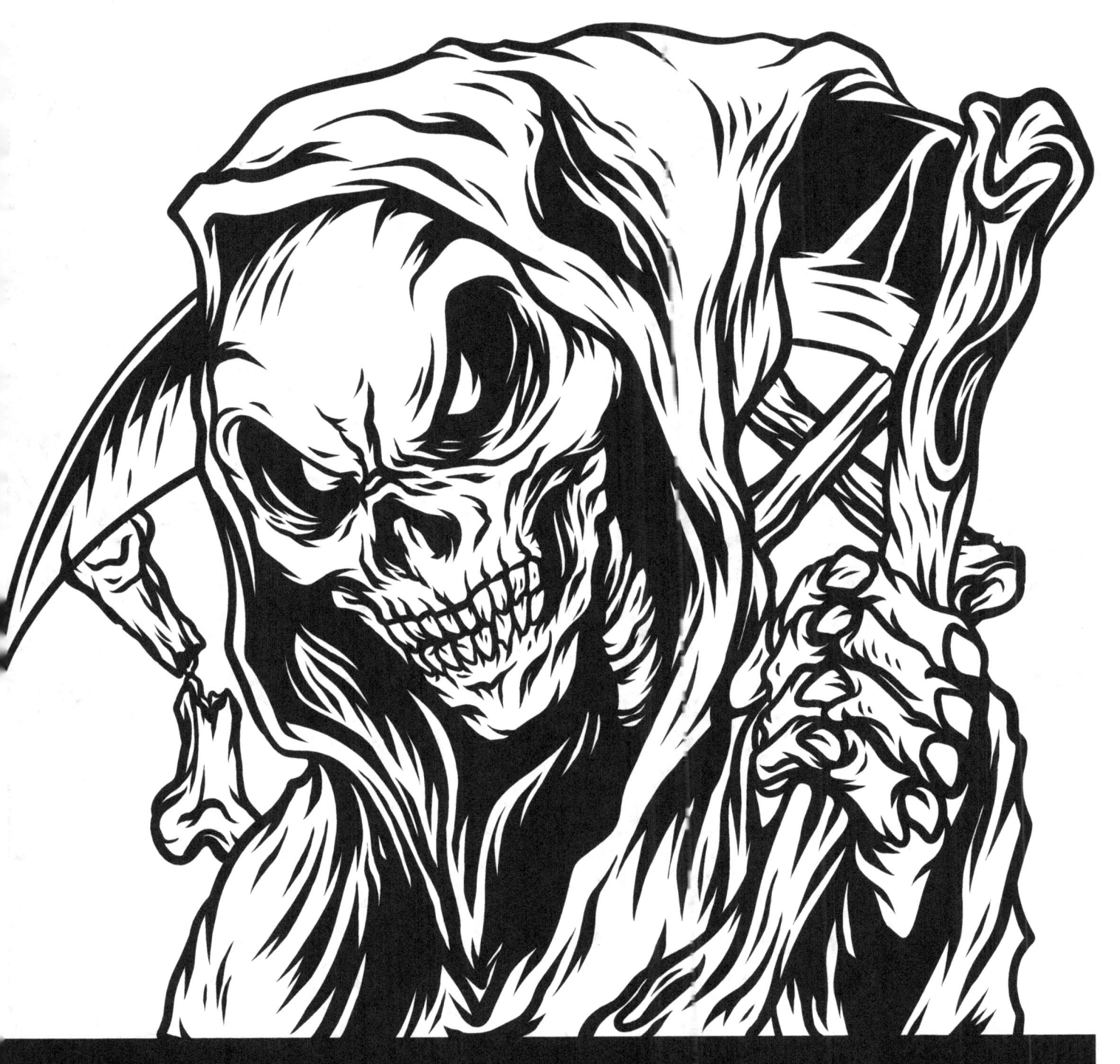

IL TUO PEGGIOR INCUBO

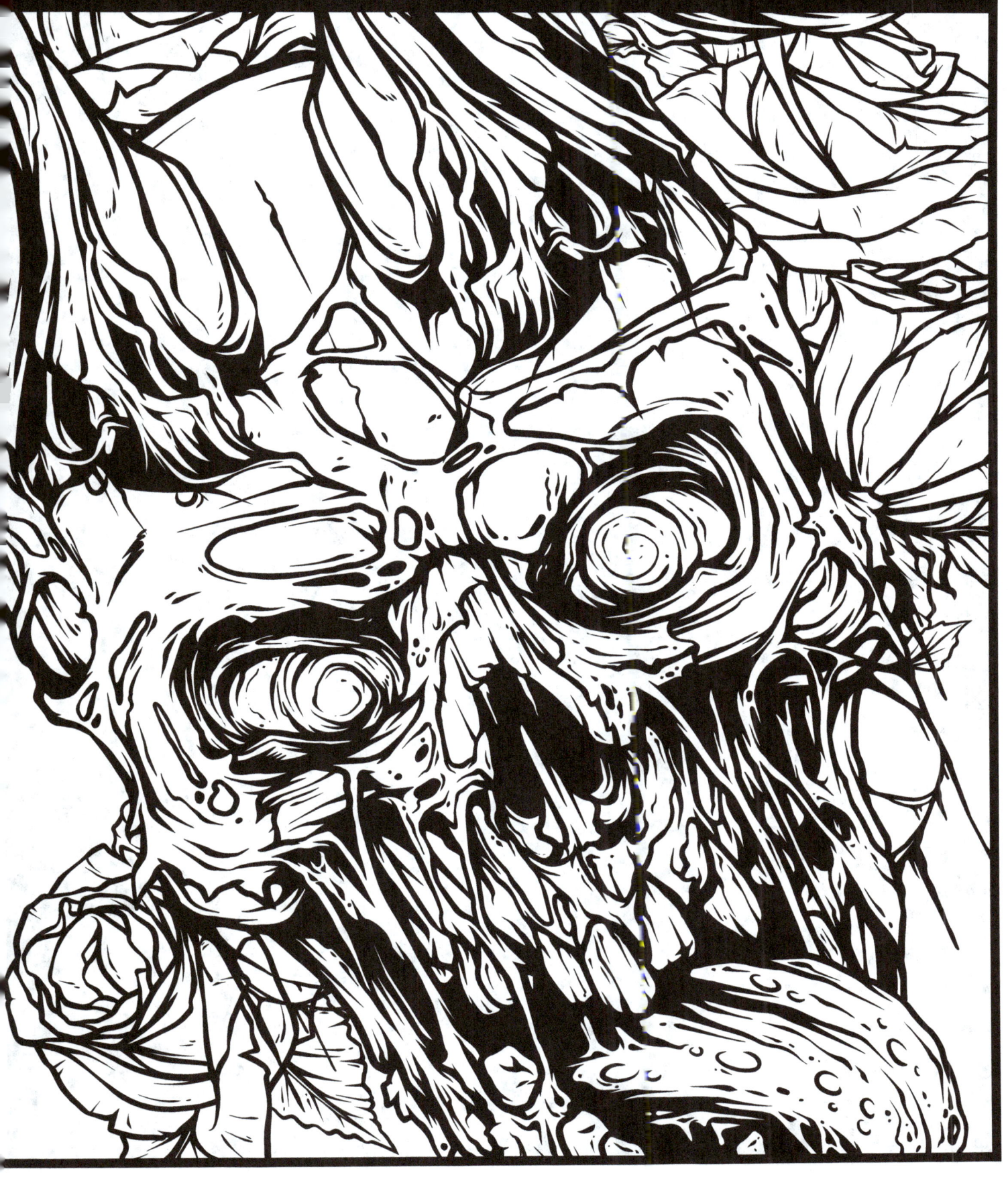

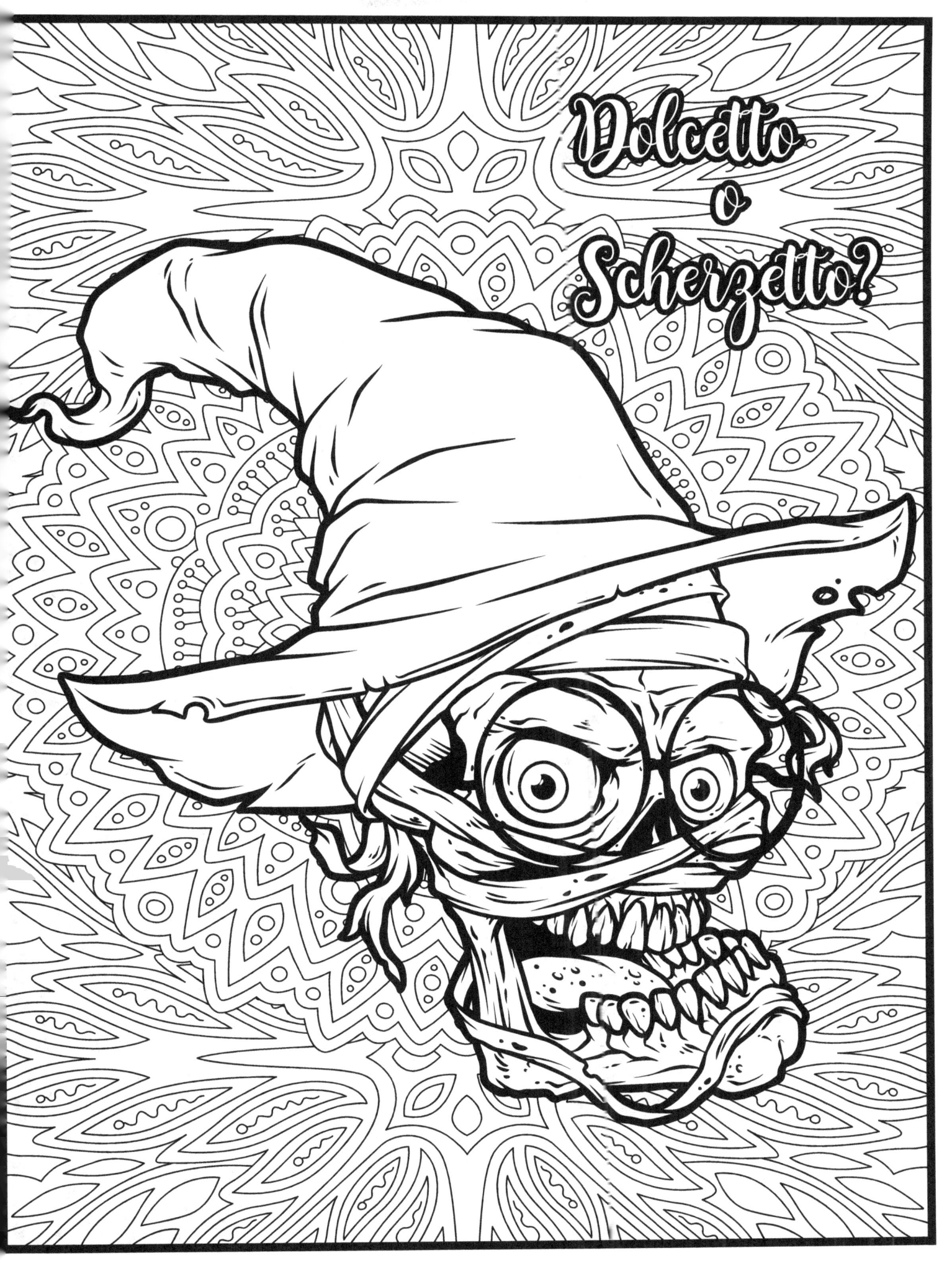

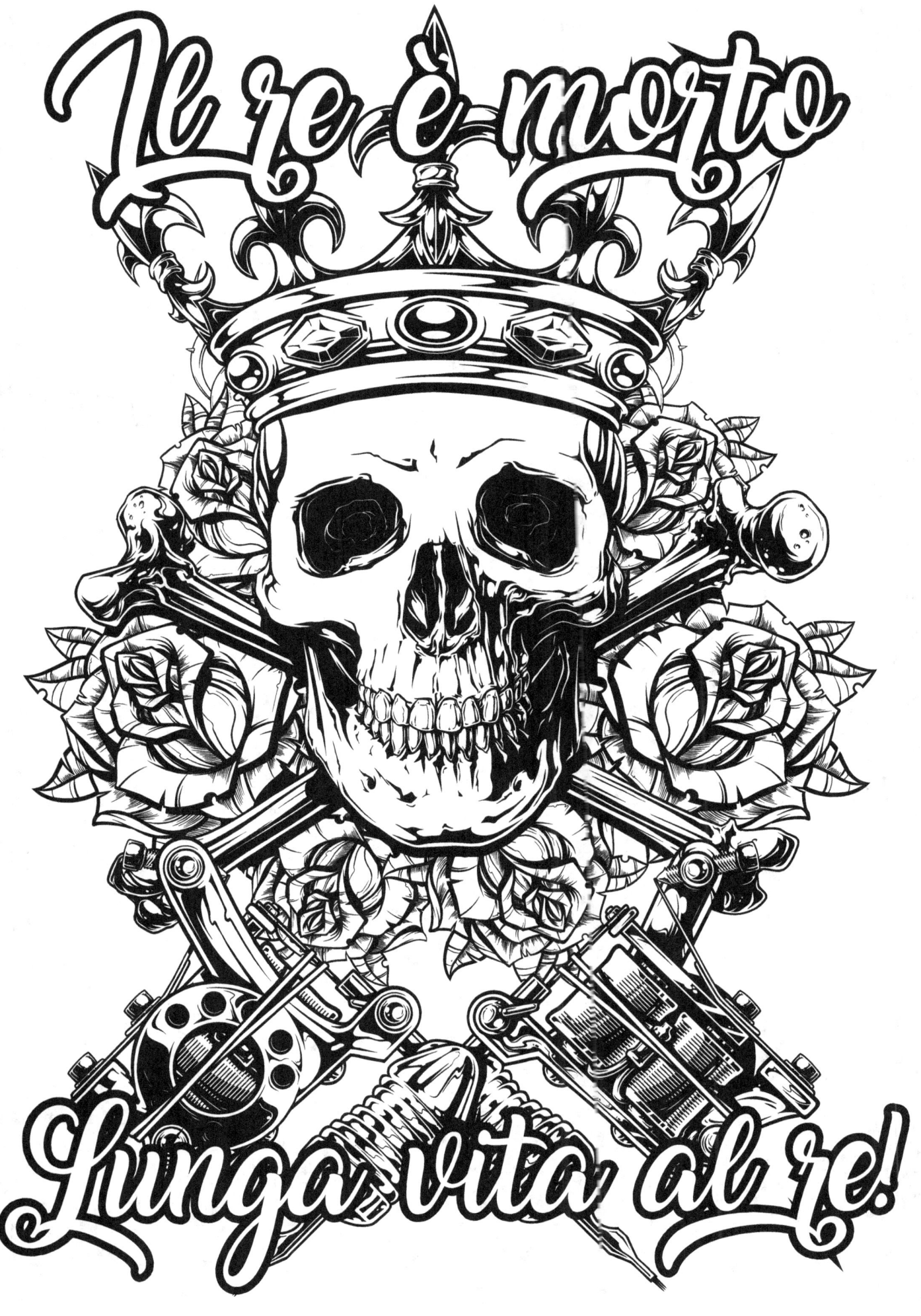

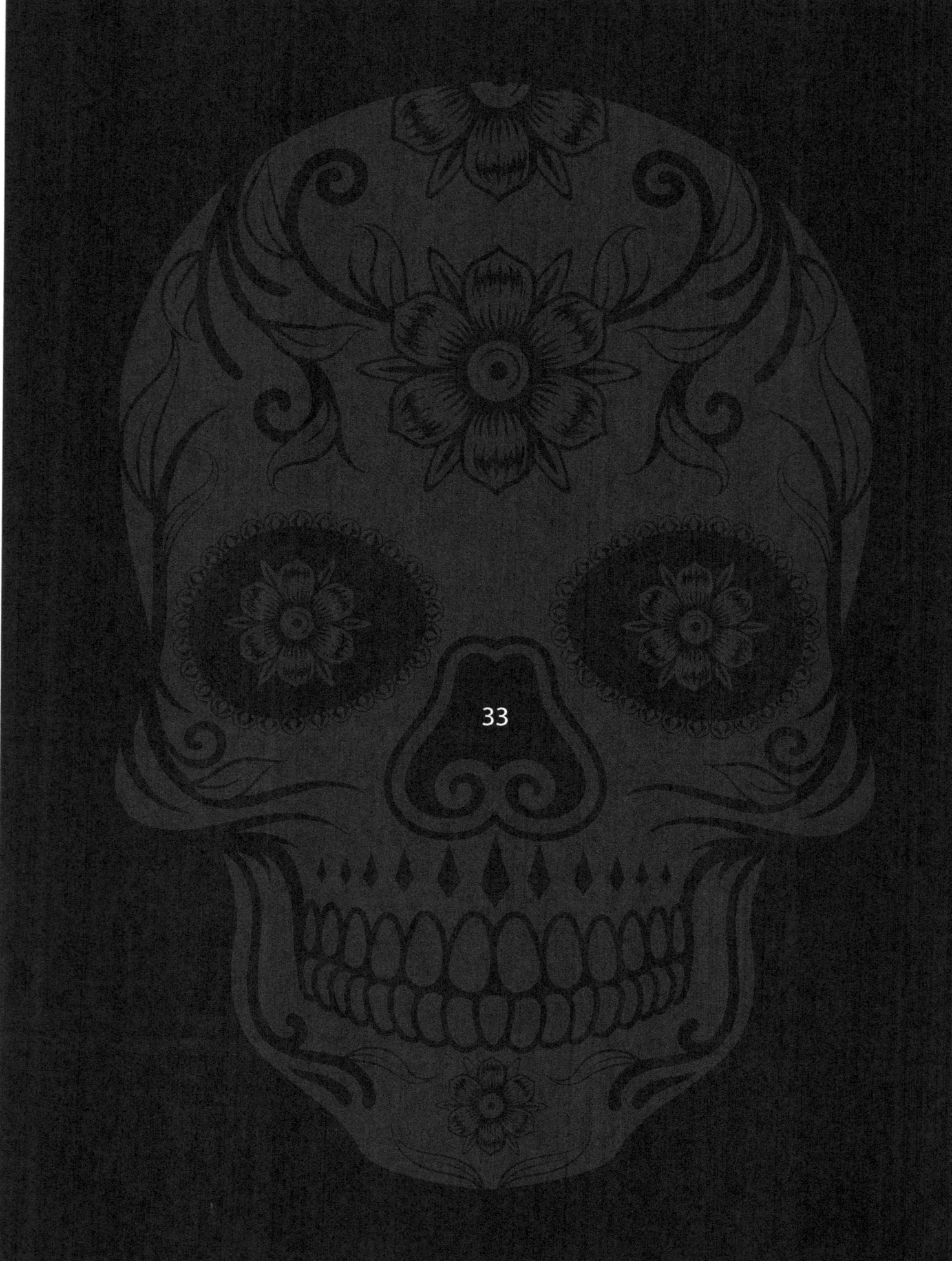

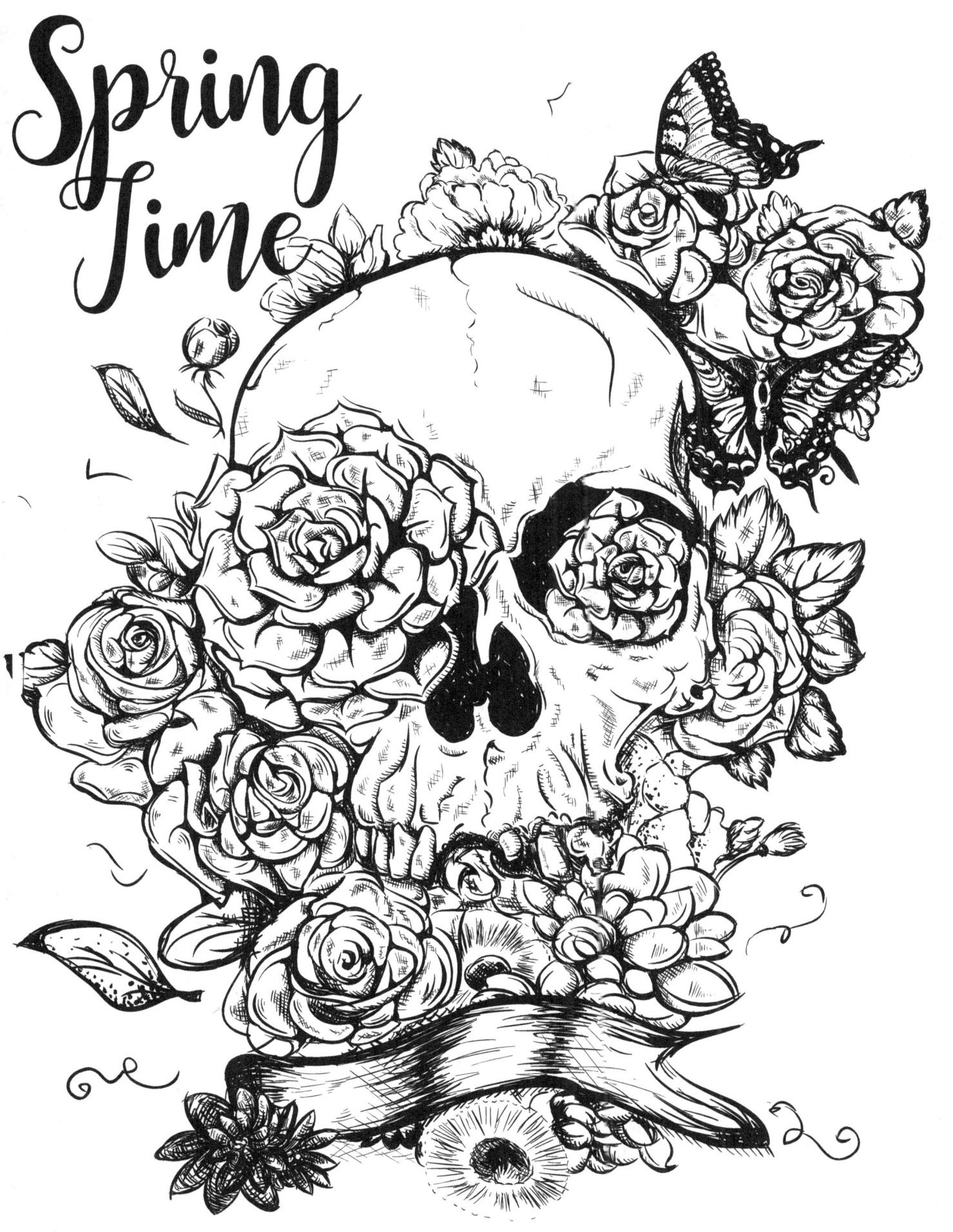

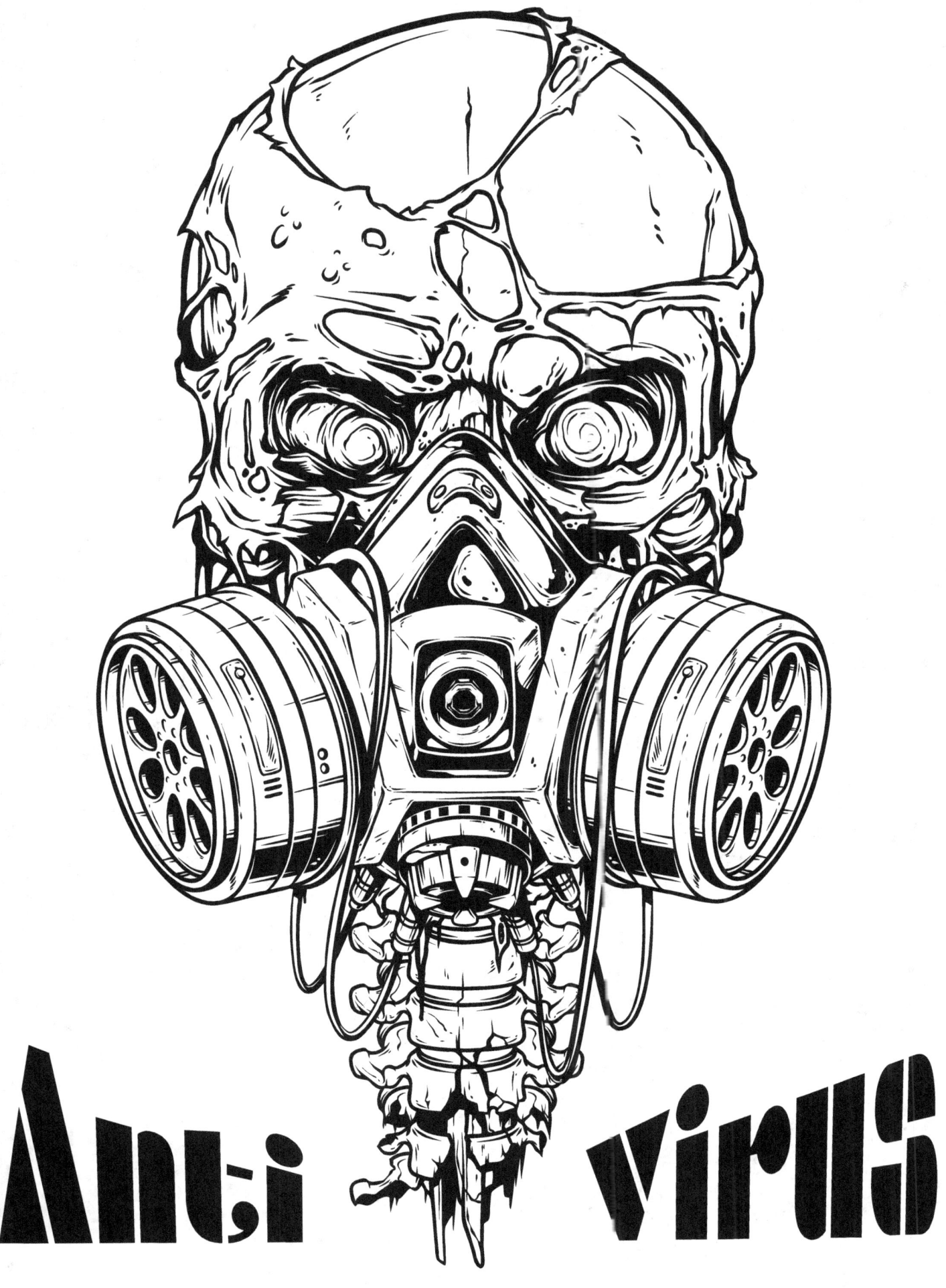

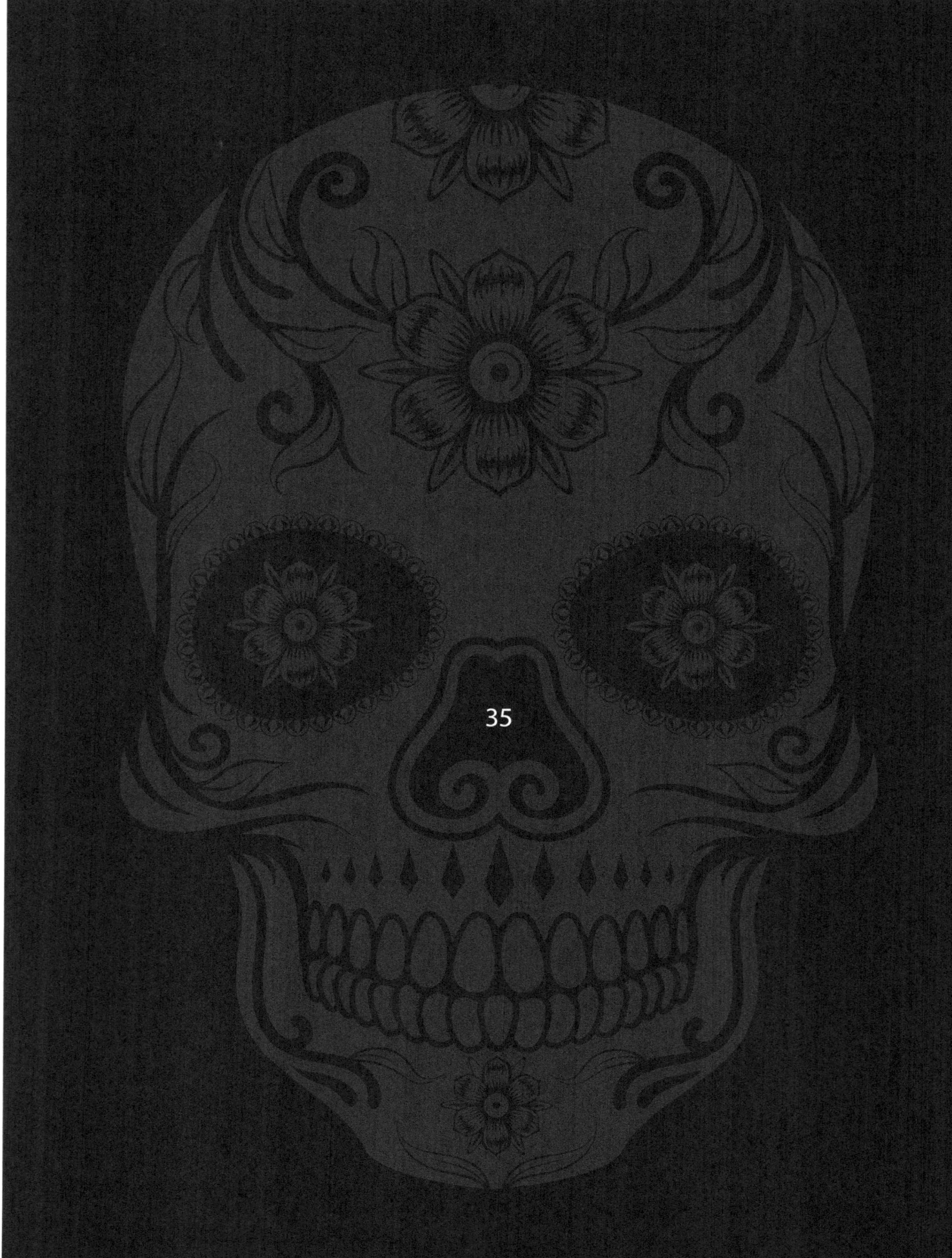

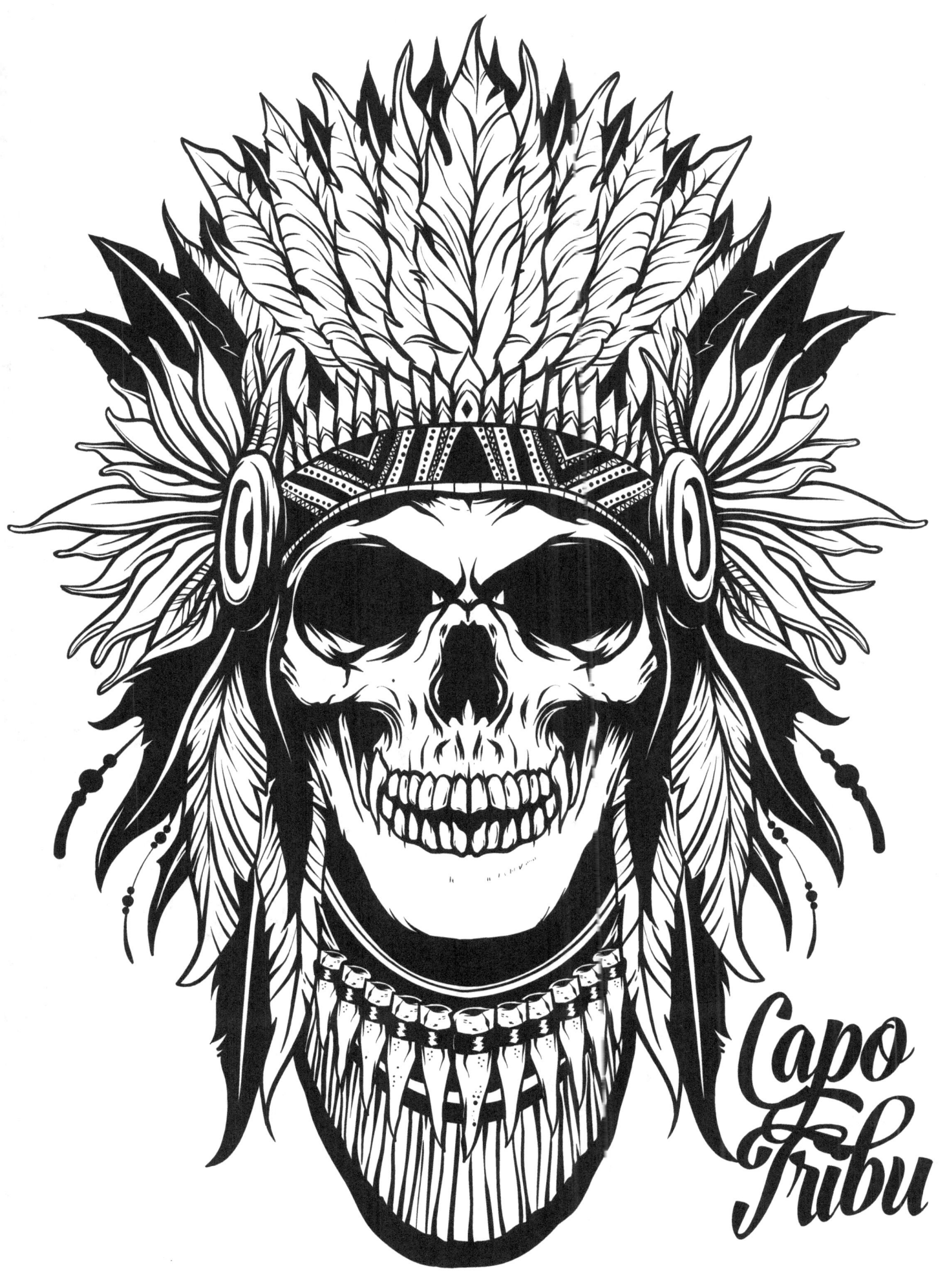

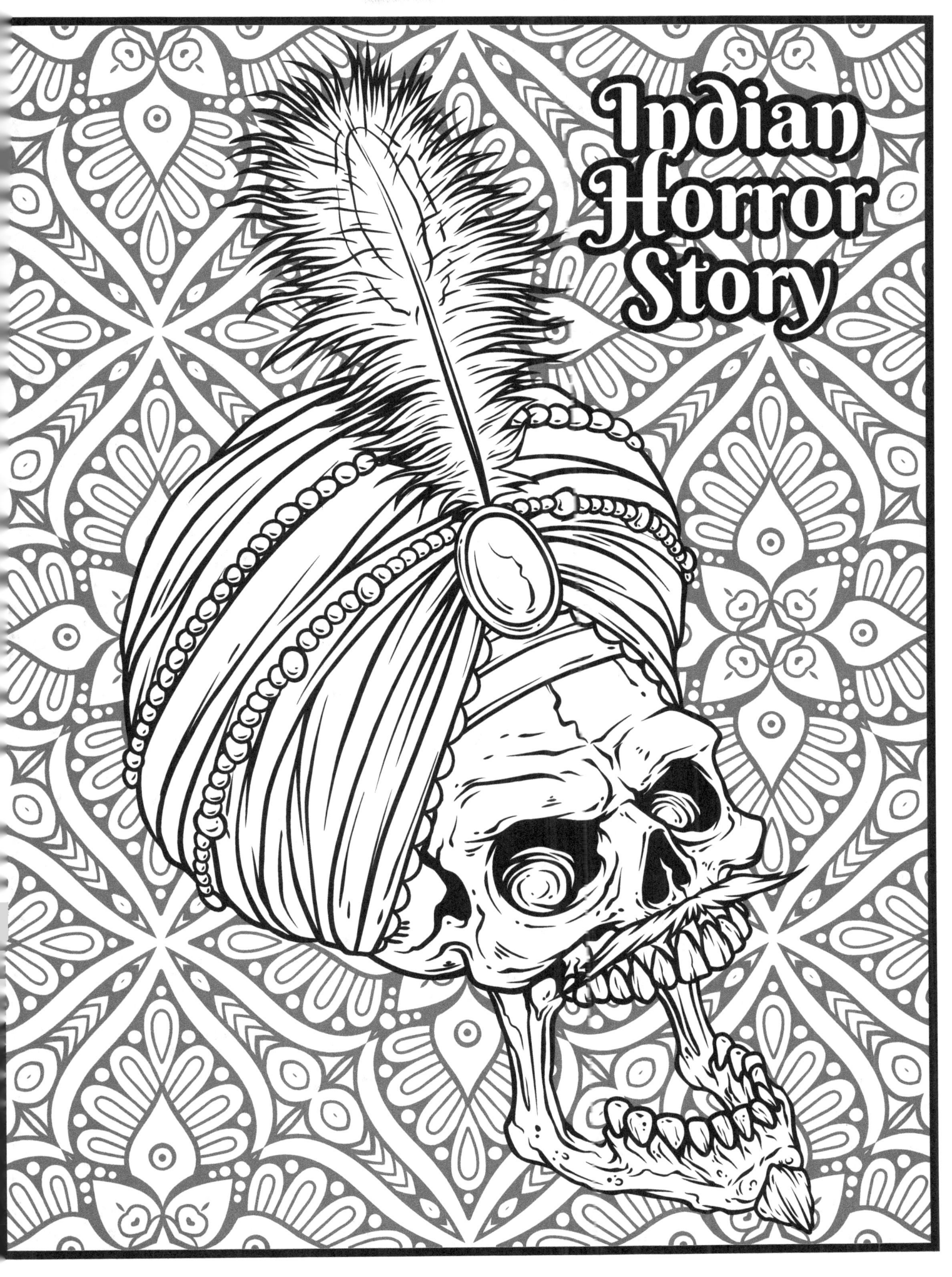

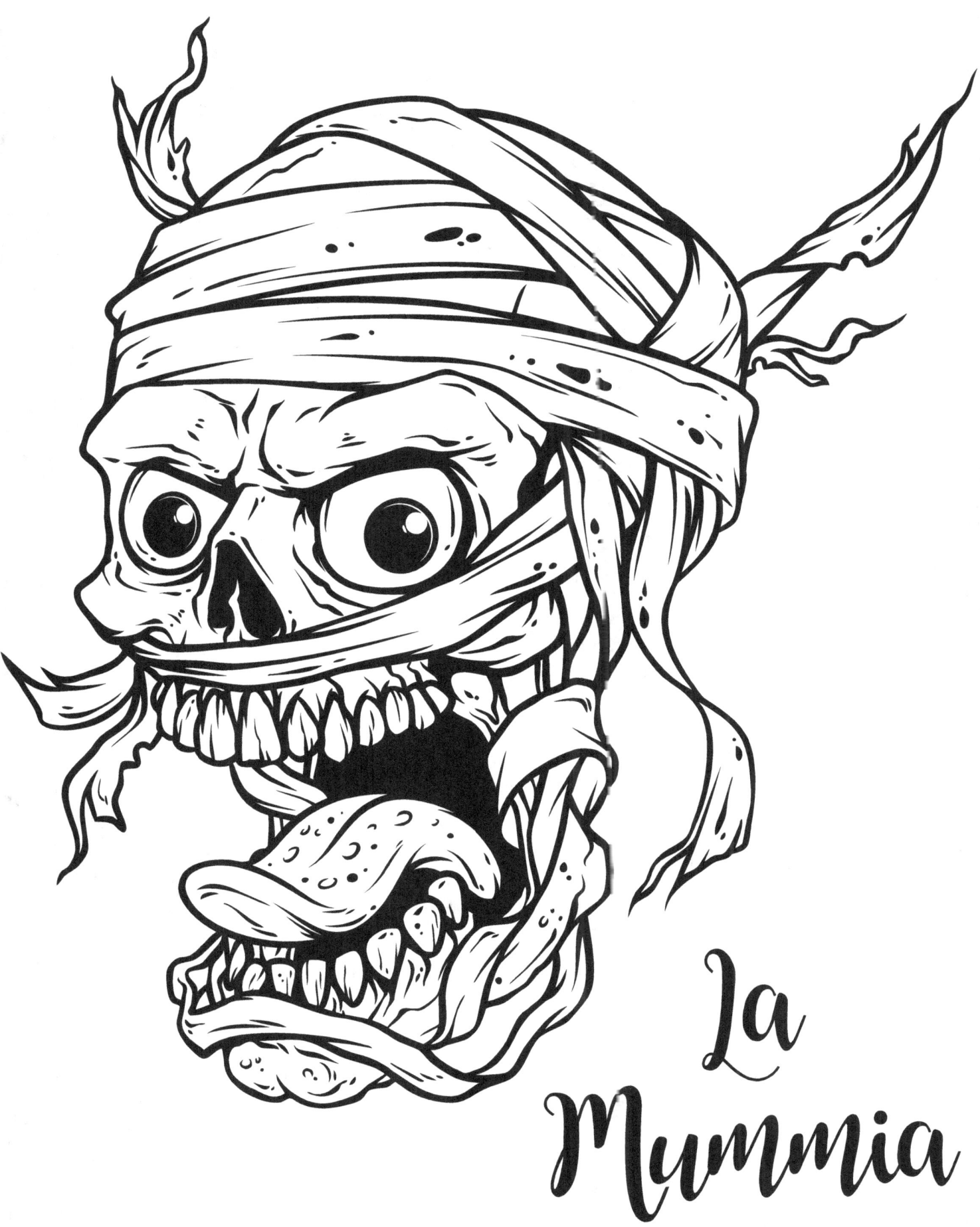

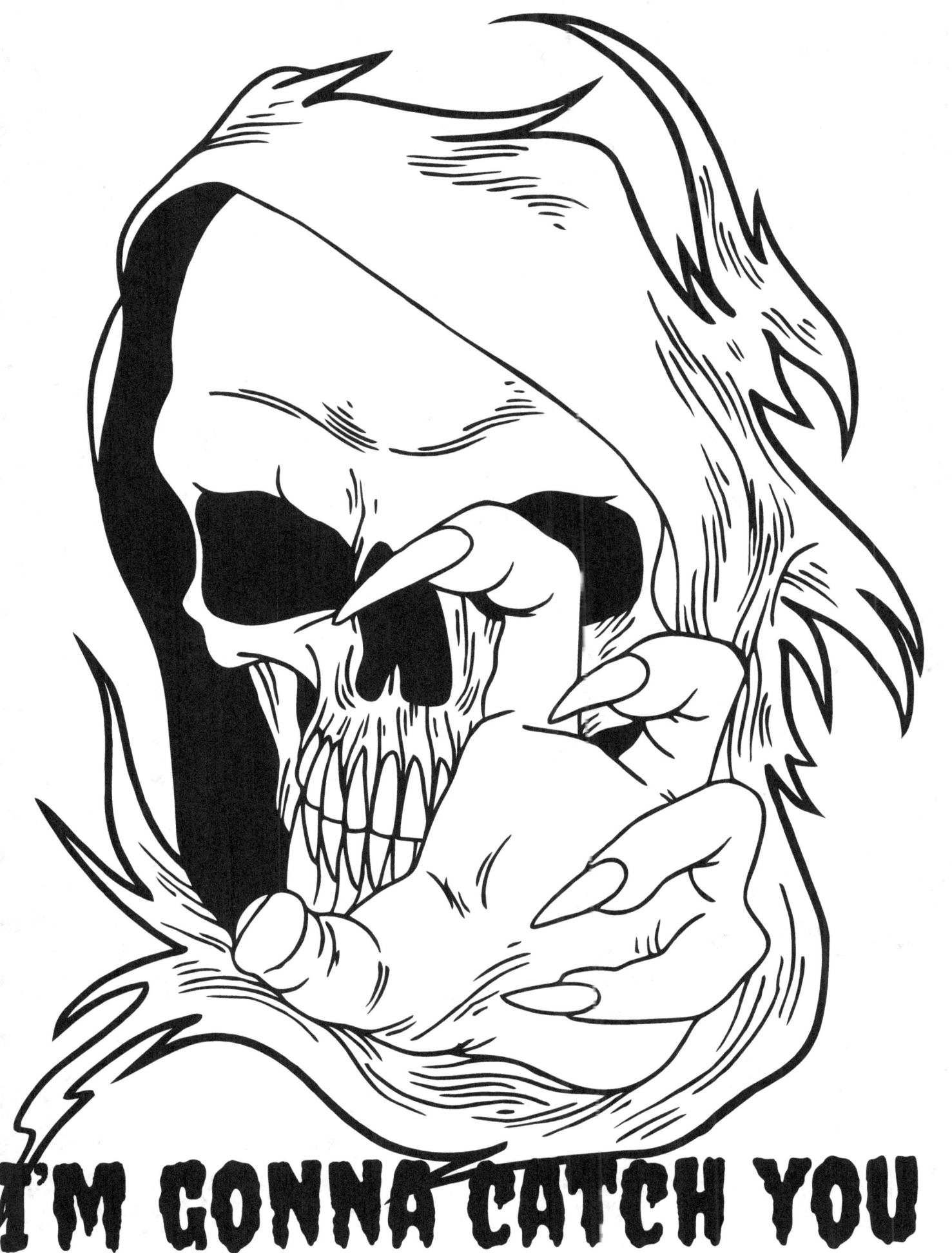

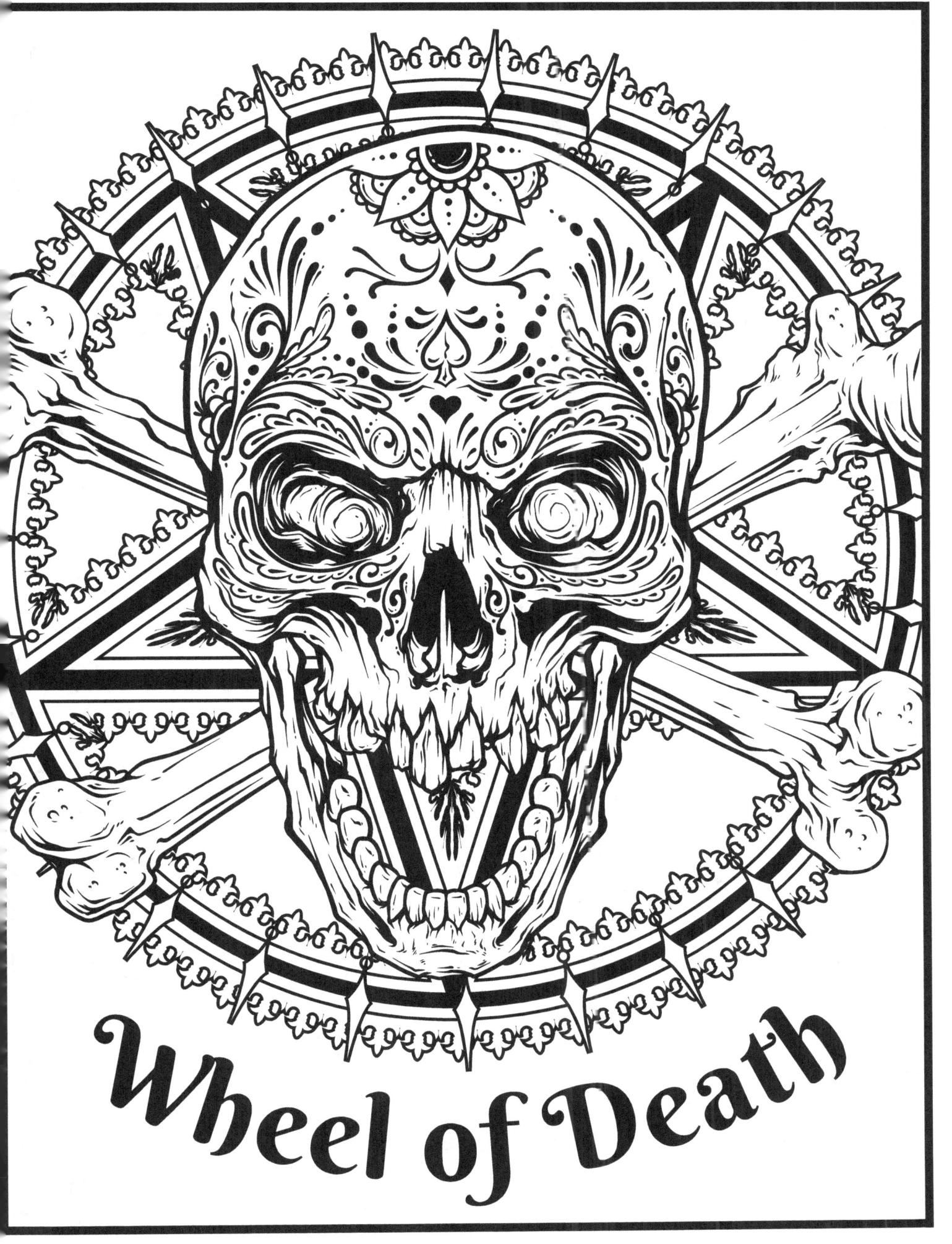

TI È PIACIUTO IL LIBRO?

Facci sapere che ne pensi scansionando il codice QR qui sotto.

SPOOKY EDIZIONI

www.ingramcontent.com/pod-product-compliance
Lightning Source LLC
Chambersburg PA
CBHW080516220526
45465CB00006B/2500